云梦睡虎地秦简的发现

◎ 主编 金开诚

◎ 编著 侯 旭

吉林文史出版社

吉林出版集团有限责任公司

图书在版编目（CIP）数据

云梦睡虎地秦简的发现 / 侯旭编著 . 一长春：吉
林出版集团有限责任公司，2011.4（2022.1 重印）
ISBN 978-7-5463-4972-5

Ⅰ.①云… Ⅱ.①侯… Ⅲ.①云梦竹简 – 研究 Ⅳ.
① K877.54

中国版本图书馆 CIP 数据核字（2011）第 053549 号

云梦睡虎地秦简的发现

YUNMENG SHUIHUDI QINJIAN DE FAXIAN

主编／ 金开诚 编著／侯 旭

项目负责／崔博华 责任编辑／崔博华 王文亮

责任校对／王文亮 装帧设计／李岩冰 董晓丽

出版发行／吉林文史出版社 吉林出版集团有限责任公司

地址／长春市人民大街4646号 邮编／130021

电话／0431-86037503 传真／0431-86037589

印刷／三河市金兆印刷装订有限公司

版次／2011 年 4 月第 1 版 2022 年 1 月第 5 次印刷

开本／ 650mm×960mm 1/16

印张／9 字数／30千

书号／ ISBN 978-7-5463-4972-5

定价／ 34.80元

关于《中国文化知识读本》

　　文化是一种社会现象，是人类物质文明和精神文明有机融合的产物；同时又是一种历史现象，是社会的历史沉积。当今世界，随着经济全球化进程的加快，人们也越来越重视本民族的文化。我们只有加强对本民族文化的继承和创新，才能更好地弘扬民族精神，增强民族凝聚力。历史经验告诉我们，任何一个民族要想屹立于世界民族之林，必须具有自尊、自信、自强的民族意识。文化是维系一个民族生存和发展的强大动力。一个民族的存在依赖文化，文化的解体就是一个民族的消亡。

　　随着我国综合国力的日益强大，广大民众对重塑民族自尊心和自豪感的愿望日益迫切。作为民族大家庭中的一员，将源远流长、博大精深的中国文化继承并传播给广大群众，特别是青年一代，是我们出版人义不容辞的责任。

　　《中国文化知识读本》是由吉林出版集团有限责任公司和吉林文史出版社组织国内知名专家学者编写的一套旨在传播中华五千年优秀传统文化，提高全民文化修养的大型知识读本。该书在深入挖掘和整理中华优秀传统文化成果的同时，结合社会发展，注入了时代精神。书中优美生动的文字、简明通俗的语言、图文并茂的形式，把中国文化中的物态文化、制度文化、行为文化、精神文化等知识要点全面展示给读者。点点滴滴的文化知识仿佛繁星，组成了灿烂辉煌的中国文化的天穹。

　　希望本书能为弘扬中华五千年优秀传统文化、增强各民族团结、构建社会主义和谐社会尽一份绵薄之力，也坚信我们的中华民族一定能够早日实现伟大复兴！

目录

一、睡虎地秦简介绍

（一）"睡虎地"的由来

"睡虎地"虽然志籍不载，但在云梦火车站铁路西侧这一带以"虎"命名，实在大有讲究。因为云梦这个地方自古以来，就同虎有极深的渊源。根据《左传》记载：春秋早期，楚国名声显赫的令尹子文就出生在云梦。他出生后不久，曾被遗弃在荒野，又经乳虎喂养，所以后来他被

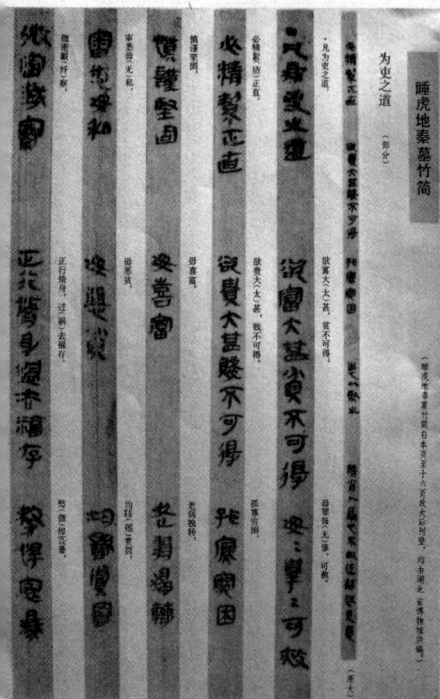

睡虎地秦墓竹简

为吏之道 (部分)

（睡虎地秦墓竹简自本篇第十六六页第六页起列举，均为湖北云梦博物馆藏）

取名为"斶穀於菟"。斶是他的姓氏，而楚人把"乳"叫"穀"；称老虎为"於菟"。在今云梦县城北约十千米，便是那个抛弃他的地方，后名为"虎子岩"，这一地域曾名为"於菟乡"，距"睡虎地"不远，就是纪念此人此事。由此看来，"睡虎地"的地名，应该不是凭空造出来的。

（二）十一号墓的发掘

十二座古墓中的九号墓给人以很大的希望，因为它保存得非常完好，椁内的头厢、边厢出土的器物也不少。在开棺的时候，大家就像期待婴儿降生一般，心情格外紧张。但揭开棺盖一看，只有一具妇人的骨架，大家不免有些失望。

十一号墓没有九号墓完好，虽然出了一些器物，但没有特别稀罕的东西。每天下午都有数百名热心的群众在考古工地四周围观。1975年12月18日，当十一号墓的头、边厢器物清理完毕时，已见落日余晖了。因为围观的人太多，踩塌了一方土，砸断了墓内的棺盖板。由于工作已近结尾，谁也没有把这次塌方看成是什么事故，当晚值勤守护的人员也都撤了回来。考古工地，一片沉寂，再也吸引不了任何人了。

根据安排，次日上午田野考古的计划，只是扫尾：把十一号墓的棺内，做一次例行的清理，全部发掘工作就可以结束了。根据以往经验，棺内可指望得到的顶多是一枚印章而已，至于古尸，谁也没有再去想它。

19日，雪过天晴，冬天的早上，寒气袭人，地上铺了一层薄雪，墓坑的水面上结了薄冰。考古工作队迟迟来到工地，几个青年人缓慢地走下十一号墓坑，又懒洋洋地提着泥水走上来。水提完后，省博物馆陈恒树下到边厢里面清理器物，他突然发现站在坑边的一个人的水鞋边粘着一个碎片，喊了一声："不要动！"随即弯腰取回，用手指头一抹，显出黄底黑字。他自语道："这是一片残竹简嘿！这东西从何而来？"随即喊来了陈振裕，他俩分析断定：是昨天下午那一根断裂的椁盖板掉下去砸坏了墓内的棺盖，又砸碎了里面的部分竹简。于是立即向考古人员打招呼："请大家注意：这个棺材里面有点名堂！"考古队员们顿时兴奋了，心也紧张起来。十一时左右，椁室头、边厢内的漆木器、竹器、陶器等随葬品清理完毕。大家小心翼翼地挪开被砸坏的棺盖板以后，一个惊人的发现立即显现在眼前：棺内是一具完整的成人骨架，仰面朝上，下肢弯曲，头西脚东；在它的枕部、右侧、腹部摆放着一卷卷竹简，除少数因渍水浮动而散乱的竹简残片外，绝大部分保存完好，只是上面糊了一层薄薄的泥沙。考古队员们顿时兴奋起来，而省博物馆的专家在兴奋之余又开始自责起来，

"昨天收工时，一个值勤的人也没有留下，如果这座墓昨晚出了问题，其责任谁也承担不起啊！"

十一号墓的棺底板托着骨架和竹简，覆盖着尼龙薄膜，前呼后拥，抬到城里。县文化馆一楼东侧一间陈列室被腾出来，专门安放这具骨架和竹简。陈恒树小心翼翼地清除棺内的腐朽沉淀物，陈振裕则仔细辨认着竹简上的文字。

竹简从枕部到右侧，再到腹部，被依次分为甲、乙、丙、丁、戊、己、庚、辛八组，由陈恒树一支支地清洗出来，总数达1000多支，绝大部分保存完好。由于编织竹简的丝绳均已朽断，此时把它们复原是不可能的，工作人员只有按出土简号编排绘制示意图，并且按编号照相。但由于摄影工具较落后，相照得不清楚，只能辨认出不多的简文，于是只好迅速电告国家文物事业管理局。

很快，专家来了。他们是中国科学院

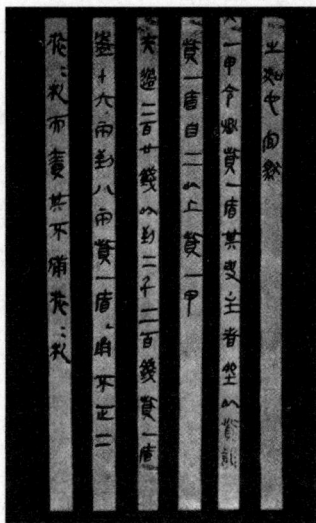

（当时还没有社会科学院）历史研究所的李学勤、国家文物局的李均明和王露。李学勤是著名史学大家侯外庐的高足之一，我国"新生代"拔尖的古文字学家，他熟练地辨识简文，很快读出了这批竹简的基本内容。王露则在陈恒树等人的配合下，使用先进的摄影机，熟练而敏捷地分组拍摄了全部竹简和其他重要出土文物，并在李均明的协助下，借县医院放射科的暗室，通宵工作，把全部胶卷冲了出来。

竹简的内容偶有传出，引起了人们的极大兴趣。李学勤在小范围向县里领导层作过介绍之后，决定再举行一次普及性讲座。那天晚上，县文化馆二楼展览室被挤得水泄不通。听者从县委书记、科局长到一般群众。他们没有得到任何邀请，都是闻讯赶来的。李学勤介绍了竹简中的《语书》《封诊式》《编年记》和《为吏之道》等若干内容，大家听得不知疲倦。李学勤于当晚，就在湖北省云梦县文化馆第一次宣布：这次出土的竹简是极其珍贵的秦代文物，以秦代法律文献为主要内容，并确定了墓葬的绝对年代和墓主人的名字。

李学勤等人回京不久，国家文物局决定将云梦秦简送京进行科学保护，同时由文物出版社牵头，组织专业人员对秦简进行文字整理。

护送秦简进京的有国家文物局的王丹华、赵桂芳、湖北省博物馆的舒之梅和陈抗生四人。陈抗生是云梦一中的历史教师，武汉大学历史系毕业，酷爱文物。在秦简出土后，自动地参加秦简清理的相关工作，让他到北京去参加秦简的整理，是合适的人选。陈去北京前，县委书记、县委办公室主任、县委宣传部长分别找他谈话，要求他：第一、好好向北京同志学习；第二、负责保护好秦简这批珍贵文物。工作完结后，如果竹简不留京，则负责护送竹简回云梦；第三、把云梦县文物

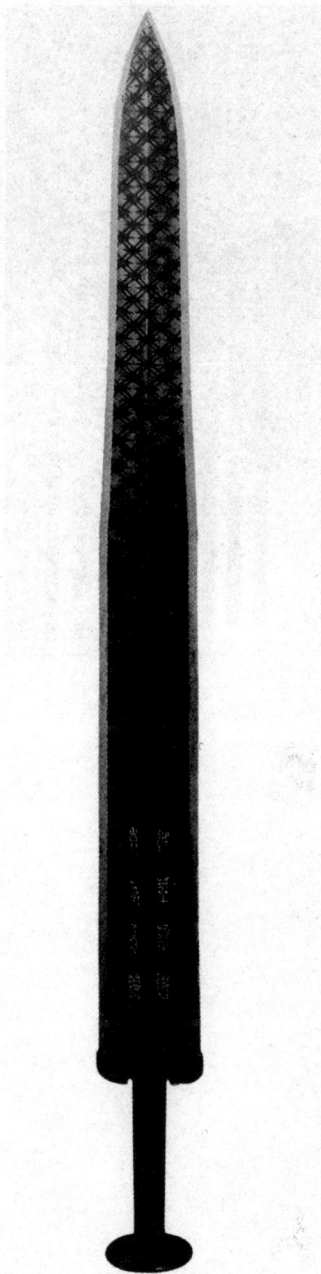

工作情况向国家文物局党委汇报，争取有力的支持。启程前，陈抗生又把自己听李学勤讲座的记录整理成文，大约4000字，并誊抄了一份，题为《一九七五年冬我县出土文物一般情况介绍》（1976年2月27日）交给县委办公室，因为他们希望印一个相关材料到基层进行宣传。

为了文物的安全，护送小组四人乘坐一个软卧包厢，从武昌火车站启程。1976年3月16日下午，秦简安全抵达北京站。下午四时左右，秦简被安全护送到北京五四大街沙滩红楼（北京大学旧址，当时和现在国家文物局所在地）。文物局办公厅主任金锋、文物处处长谢辰生等负责人都在院子里迎候。秦简原件当即交由国家文物局文物科学保护研究所保管。3月17日下午，文物处长谢辰生对相关人员作了七点交代：秦简是首次发现，文物保存的完好程度也是过去没有的；秦简调来北京主要是为了保护，以后要出书，要重新照相；工作完后，秦简最好能完整无损地归还给云梦县；竹简先做小块脱水试验；明天（3月18日）开放，以后不再让人看了；基层来的同志，也要好好学习脱水，学习保护；秦简的释文工作与调简来京没有关系。

3月18日上午，在红楼一楼的一间不大的房间里，云梦秦简向有关人员开放，来参观的人员由文物局确定并通知，护送小组在场主要任务是保证文物的安全，基本上不负责解释。参观人数并不太多，场内十分安静。次日，《光明日报》《人民画报》、珠江电影制片厂又来摄影。此后，秦简再没有向任何人开放过。只有几个工作人员每天按照保护程序进行操作。

3月26日，国家文物局党委电报云梦县委，紧接着发了两个相关文件，对云梦县出土十分重要、影响巨大的珍贵秦简，表示感谢、表彰和鼓励，并汇出一笔奖

金。云梦县委专门把这份电报和两个文件翻印转发到全县各乡，要求加强对文物的宣传和保护工作。

3月28日，《光明日报》第2版以整版篇幅报道《云梦县出土一批秦代竹简》，并配以《南郡守腾文书》全文简照、几片秦代法律简照、精选秦代铜器、漆器、书写工具照以及文物考古工作者对秦简进行科学保护和文字整理研究的两帧工作照。同日，《人民日报》及各省级党报都报道了云梦大批秦简出土的新华社消息，并附有文字整理研究工作照。当月，《人民画报》《解放军画报》《民族画报》等，都以专版彩照对云梦秦简出土进行了介绍。

从一件小事可以看出睡虎地秦墓竹简的出土在当时引起的轰动。竹简出土正处于"文革"时期，那是个荒唐的年代，每逢"五一""十一"到来，北京市都要清查"外来人口"，没有"正当理由"的，

必须在节前离京。参加秦简科学保护和
文字整理工作的陈抗生和舒之梅同志当
时被安排到和平东路文化部招待所住。
这个招待所当时住的人很杂，许多人是刚
"解放"、待安排的文化人，其中有相当
一部分名人。所以，这里更是清查重点。
四月底的一个晚上，陈抗生和舒之梅的
房间进来几个值勤人员，询问他们的来
历，要他们出示证件。那时他们既无身份
证，也无工作证，连一封出差介绍信都
没有。情急之下，陈抗生拿出了3月28日的
《光明日报》，因为那上面两帧工作照上
都有他，其中一帧有舒之梅。这比什么证
明都管用。来人看后，大大放心，笑
着向他们示意："没事了。"
秦简的影响可见一斑。

据考证，睡虎地这
批竹简入葬时间为秦始皇
三十年（前217年），距今已
2200多年。这批竹简为何能历经

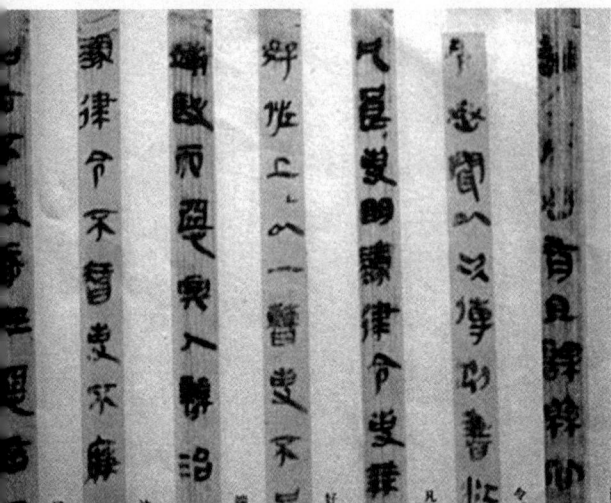

2000多年而保存完好？为何现身于湖北云梦而非秦文化发祥的陕西一带？参加过睡虎地秦简发掘的考古学专家陈振裕、左德承认为：睡虎地墓葬修建于秦统一六国不久，因此虽为秦墓，却是楚墓形制；墓里内棺外椁，墓外六面均以"青膏泥"密封。这种青膏泥质地细腻黏性较强，起到了隔绝空气的作用，延缓了秦简的氧化。另外，云梦曾为古云梦泽的一部分，地下水位很高，睡虎地墓葬长期浸于水中，也有益于隔绝空气减缓老化，干燥环境对竹木器保存反而不利。近年来，考古界又多次在湖南龙山等江南地区发现秦简，在睡虎地墓葬还发现多种制造于当时咸阳的漆木器，而在陕西发现的多座秦墓中均未找到竹简和漆木器之类文物，就是因为这个原因。睡虎地秦简是在与空气完全隔绝的地下渗水的环境中得以完好保存了2000多年的。一旦出土，环境改变，对竹简必须迅速进行科学保护。否则，这批文物在极短的时间内就会遭到完全的损坏。秦简出土初期，在云梦县虽然得到了细致保护，但那毕竟是最初级的应急保护措施。国家文物局决定把云梦秦简调京，就是要对其进行科学保护。这个工作由国家文物局文物保护研究所化学组承担。考古界素有"干千年、湿万年、半干半湿只半年"的说法，所以保护的方法有两大类：一是湿保，一是干保。湿保就是维持竹简出土前的环境，要恒温、要无菌

的水。但这种办法很费事，每天都需专人换纯净水（当时只有蒸馏水）。而用这一办法处理，估计文物也只能保存几年、十几年，顶多几十年。所以要试验干保。但那也只是老一套的漆木器脱水复原。其法是：把原简（当然是先以无字小残片做试验）置于无水酒精中，使酒精逐渐置换简中的水分；然后再把充满酒精的竹简，放进乙醚中，再让乙醚慢慢取代简中的酒精，最后让乙醚自然挥发。竹简脱水就算完成。但这种方法费时、费钱，效果也不理想。一次试验周期约半个月。结果是：脱水的竹简像一段较宽的挂面，一点竹篾的感觉都没有了！最后还将把1000多支"脱水"后的竹简按编号一支一支地装进玻璃试管里，玻璃管中垫上脱脂棉花。可以看出，这是一种科技含量很低、成本却极高的笨办法。

（三）秦简的魅力

睡虎地竹简经整理分为十篇，其中的《日书》甲、乙两种是流行于战国后期

至秦中下层阶级的一种以时、日推断吉凶祸福的占验书。秦简出土以后,学界大多数将目光聚在竹简中有关政事、法律等内容,而《日书》因其迷信成分过多并且语言晦涩难懂,曾一度遭到冷落。正像《易·系辞》所说:"其旨远,其辞文,其言曲而中,其事肆而隐。"1985年西北大学林剑鸣先生访日归国,率先主办《日书》研读班,由此掀起了20世纪80年代以来中国内地、港台地区以及日本等国家学术界共同关注的学术"热点"之一。至此睡虎地秦简才作为一个整体,备受史学界的平衡关注。

首先,秦属于短命王朝,又有始皇焚书坑儒之举,因而流传下来的史料非常有限。以往学者大都以"汉承秦制"的观念来推断秦史，这就使得秦史研究过多依赖于汉史。从这个意义上讲，睡虎地秦简丰富的资料极大地弥补了秦代研究的史料缺憾。其次，《日书》虽涉及的是有关禁忌习俗，然而其中三分之一的内容都与婚姻社会习俗有关，反映出民间社会婚姻信仰意识及风俗习惯，体现了婚嫁是民间社会生活的重要组成部分。而与之同出一墓的秦简中秦律占很大比重，其

中也有许多与婚姻、家庭相关的材料，尽管它们的史料价值因大多不具体而且稍有逊色，我们仍可以从中看出秦代社会婚姻、家庭方面的一些问题。历史记载秦人"从情性，安恣睢，慢于礼义""于父子之义，夫妇之别，不如齐、鲁之孝具敬文"，然而男女结为夫妇，生息繁衍以维系种族的延续，则是秦社会之正常现象。学界往往单独关注《日书》或仅青睐秦律来研究婚姻家庭形态，而忽视了秦简内容的整体性。因此，将《日书》与睡简秦律结合起来，整体上看待秦简，综合系统地对社会婚姻家庭进行研究是具有重大史学意义的。第三，睡虎地秦简是秦代吏墓中的随葬品，却出土于楚地湖北云梦，其内容反映了楚人尊尚巫鬼的习俗，又体现出秦人现实主义的观念。在秦统一的社会背景下，这批简不乏楚亡后楚地社会风俗资料，无疑会对秦占领楚地后对当地治理方式的研究起到推动作用。因此，睡虎地秦简是近年来秦楚研究中不可忽视的重要资料。

二、秦国的法律

（一）官方的法律形式

秦王朝的法律形式，在秦简出土以前，根据秦汉史料的记载，基本上可以分为律、令、制、诏四种。律就是有封建国家正式颁布的成文法；而令、制、诏都是以皇帝名义临时发布的命令或指示。在专制制度下，皇帝的令、制、诏具有最高法律效力。如果令、制、诏与现行法律的

具体规定相矛盾时，则以令、制、诏为
准。这不仅体现了皇权的至高
无上，同时也便于统治阶级根
据阶级斗争形势的变化而
采用随时发布皇帝命令与
指示的办法，来加强对与
被统治阶级的镇压。例如秦始皇三十四
年的焚书令，就是以皇帝名义发布的诏
令。而以皇帝的令、制、诏作为国家最基
本的法律渊源从秦王朝开始以后，就一直
是贯穿于我国封建法律制度中的一个基
本的特征。

　　但在睡虎地秦墓竹简出土以后，我
们对秦王朝的法律形式又有了新的认
识。从秦简中可以看到，秦朝的法律，除
了律、令、制、诏之外，对法律条文的解
释，以及有关审理案件程序规定的司法
文书，都是秦律的组成部分，和法律具有
同样的效力。所以根据秦简看来，秦朝的
法律形式，可以分为以下三种：

1.法律条文。在秦简律文中计有:
《田律》《厩苑律》《仓律》《金布律》
《关市律》《工律》《工人程》《徭律》
《司空律》《军爵律》等近三十种。而每
一种都不是这种法律的全文,只是每种
律文中的一部分。而这三十多种律文,也
不是秦朝法律的全部。秦律究竟一共有
多少种、多少条,由于史料缺乏我们不得
而知。但仅从秦简中的律文来看,其内容
已是相当广泛。比如,《田律》《厩苑律》
是关于农田水利、山林保护、牛马饲养方
面的法律。它规定:要及时报告降雨后农
田受益面积和农作物遭受风、虫、水、旱
等自然灾害的情况;不许任意砍伐山林,

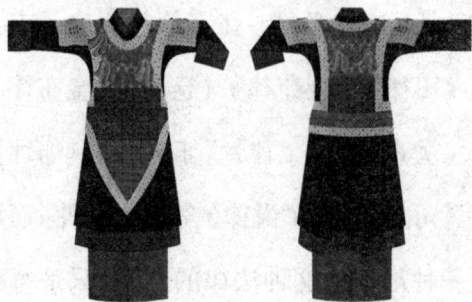

"居田舍勿敢酤酒"，按授田之数缴纳刍
槁，对牛马饲养好的奖励而坏的惩罚等
等。《仓律》《金布律》对国家粮食的贮
存保管和发放、货币流通、市场交易等做
了具体规定。《徭律》《司空律》是关于
徭役蒸发、工程兴建、刑徒管理的法律。
《置吏律》《军爵律》《效律》和《内史
杂》等是关于官吏任免、军爵赏赐以及官
吏职务方面的法律。总之，从农业到手工
业，从徭役到交换，从经济到政治等各
方面的制度，在秦简律文中都有反映。这
充分说明秦朝统治阶级为了维护自己的
政治统治和经济剥削，在社会生活的各
种领域里都使用法律强制手段来进行治

理。

2.对法律的解释。从秦简中《法律答问》的内容范围来看,《法律答问》所解释的是秦朝法律中的主体部分,即刑法法律解释和法律具有同等的效力,也可以作为判决案件的根据。

从《法律答问》所引用的法律条文的形成年代来看是很早的。例如律文说"公祠",解释部分则说是"王室祠"。这说明律文应当形成于秦称王以前,很可能是商鞅变法时期制定的法律原文。而由国家主管官吏统一解释法律的制度,本来就是商鞅变法时建立起来的。商鞅特别强调"圣人违法,必使之明白易知"。同时给人民"置法官,置主法之吏,以为天下师"。他认为法令明白易知,又设立官吏以教导人们懂得法令,则"万民皆知所避就,避祸就福……天下大治也。"从这个指导思想出发,商鞅对法律答问做了具体规定:其他官吏与人民向主管法令

的官吏询问法令的条文时，主管法令
的官吏必须按照他们原来要问的
法令，明确地告诉他们。如果主管
法令的官吏不肯告诉，等到询问
者犯了罪，而所犯的正是他所要询
问的那一条，那就要按照询问者所询
问的这一条所规定的罪，来办主管法令
官吏的罪。同时要把问答的内容记在一
个一尺六寸长的符上，注明年、月、日、
时。把符的左片给询问者，右片装在木匣
里，藏起来，封以官印，即使主管法令的
官吏死去，也按照符片上所写的来办理。
云梦秦简《法律答问》证明，由商鞅所建
立的由主管法令的官吏来解释法律的制
度，到秦始皇时期仍然在继续实行。

　　秦简中的《法律答问》所涉及的范围
已经超出了律文本身，它实质上是对法律
条文的补充。特别是在答问中，有许多地
方以判案成例作为依据来解释法律。例
如："人臣甲谋遣人妾乙盗主牛，卖，把钱

偕邦亡，出徼，得，论各何也? 当城旦黥之，各畀主。"根据以往判案成例来审理案件，在当时已成为一种制度。这种制度表明，封建统治者决不会让法律束缚住自己的手脚。当法律上没有明文规定，或者虽有但不能满足某种需要时，执法者就可以不依法律而以判例办案，这就有利于统治阶级对劳动人民进行镇压。所以法律解释和案例，对封建统治者来说是一种极其灵活的法律形式。

3.是关于规定审理案件程序的司法文书。这也是由朝廷统一发布的行政命令和审判规则，如秦简《治狱》和《讯狱》的内容，就是对管理审理案件的要求。其余各条都是对案件进行调查、检验、审讯等程序的文书形式，其中包括了各种案例，以供有关官吏学习，并在处理案件时参照执行。

关于办理案件的记录——爱书，说明当时审理案件和解决纠纷的手续已

经相当的完备。例如一个查封报告写道："根据某县县丞某的文书，查封被审讯人某里士伍甲的房屋、妻、子、奴婢、衣物、牲畜。甲的房屋、家人计有：堂屋一间，卧室二间，都有门，房屋都用瓦盖，木构齐备，门前有桑树十株。妻名某，已逃亡，查封时不在场。女儿大女子某，没有丈夫。儿子小男子某，身高六尺五寸。奴某，婢小女子某。公狗一只。查问里典某某，甲的四邻公士某某：'甲是否还有其他应加查封而某等脱漏未加登记，如果有，将是有罪的。'某等都说：'甲应查封的都在这里，没有其他应封的了。'当即把所封交付某等，要他们和同里的人轮流看守，等候命令。"这个查封记录对被查封财物的种类、数量、特征以及参加查封的四邻证人都有详细明确的记载，和我们现代办理案件的查封记录的各项要求基本上一致。而早在两千多年以前就做到了这一点，这说明中国古代法律是相当发达的。

以上三种法律形式就是秦简中所体现出来的秦朝法律形式。在这里应当说明的是，秦简中还有地方政权所发布的文告，如《南郡守腾文书》，因为它只是把国家制定的法律、法令整理出来，重新加以公布，要求官民人等一律遵照执行，并没有制定什么新的地方法规，所以不能认为是一种法律形式。

（二）秦简中的法律故事

《秦简·法律答问》中有以下的记载：

1.甲偷牛犯罪，他偷牛时身高六尺（秦代尺寸），被关押一年后（对甲定罪量刑时）再量甲的身高，已到了六尺七寸，对甲应如何处刑？判处刑罚完城旦（一种戍边的徒刑）。

2.甲年龄幼小，身高不及六尺，他有一匹马自己放牧，该马被别人惊吓乱跑，吃了他人的禾稼。

3.甲教唆乙盗窃杀人，甲得到赃款十钱，乙身高不到六尺（乙未成年），甲被判处磔刑。

4.女子甲为人妻，她逃离夫家，被捕获并自首，甲年龄尚小，身高不到六尺，是否处罚？如果甲的婚姻是官府认可的，甲应受处罚；如果甲的婚姻未经官府认可，则免于处罚。

以上是针对四起与责任能力相关的案件审理过程中，地方官向中央请求法律解释的内容。按秦律的规定，责任能力是定罪量刑的根据之一，秦律关于责任能力的确定是以身高而不是以具体的年龄为标准。这与我们今天确定刑事责任能力的原则有很大不同。就目前掌握的史料而言，这种规定是通过具体案件而非刑律的明确规定反映出来的。

关于责任能力的身高标准，有身长六尺五寸与身长六尺两种说法，我们这里引用的案例中，都以六尺为标准确定承担刑罚责任。

引发争论的是《秦简·法律答问》中的一个案例：甲因偷牛犯罪，他偷牛时身高六尺，在被关押一年后（对甲应定罪量刑时）再量甲的身高，甲长到了六尺七寸，对甲应判处完城旦。

其实定罪量刑是依据犯罪发生时的实际情况，甲被判"完城旦"应该依据的是被抓时的身高（六尺）。《法律答问》中类似的例子还有：甲年龄尚小，身高不及六尺，他有一匹马并自己放牧，该马被别人惊吓而吃他人的禾稼，判处甲不必赔偿禾稼。

前后两个案例相比较，前者（盗牛者）因身高六尺而被罚，后者因未及六尺而免罚，可见六

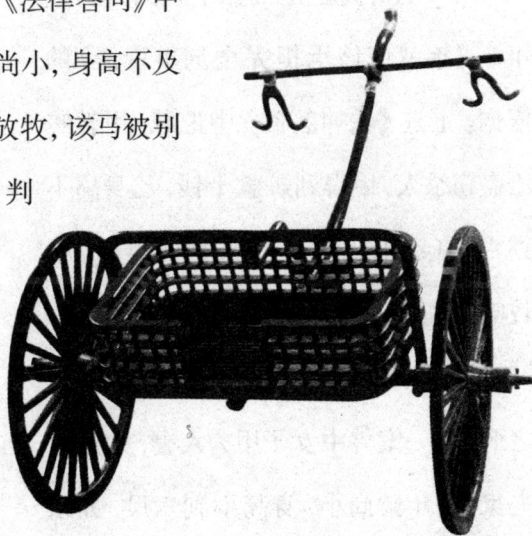

尺为秦律确定当事人承担刑罚的依据，是类似今天刑事责任年龄的标准。

六尺的身高也是秦律中判断是否成年（成年就应该承担完全刑事责任）的依据。上述《法律答问》中记载：甲教唆乙盗窃杀人，甲得到赃款十钱，乙身高不到六尺（乙未成年），甲被判处磔刑。甲教唆身高未及六尺的未成年人乙杀人，又接受赃款，所以甲被重罚，被处以车裂之刑。另一案件中女子甲为人妻，她逃离夫家，甲年龄尚小，身高不到六尺，如果甲的婚姻是官方认可的,甲应受处罚;如果甲的婚姻未经官方认可,则甲可免于处罚。古籍整理小组的学者解释该案件中的"官"为"婚姻经官方认可",因为古代有"因婚姻而成年化"的习俗。在秦代,是否经官方认可的婚姻,就成为婚姻当事人是否成年的标准之一了。从上述两案中,也可以看出六尺是秦律判断成年与否的标准。

得以传承的"矜老恤幼"制度

据史籍记载,西周时期有所谓的"三赦之法":"一曰幼弱,二曰老耄,三曰蠢愚。"对于这三种人,如果触犯法律,应该减轻、赦免其刑罚。《礼记·曲礼上》也记载:"八十、九十曰耄,七年曰悼。悼与耄,虽有死罪不加刑焉。"这一原则正是西周时期"明德慎罚"的法律思想以及"亲亲"礼治原则在刑法定罪量刑方面的具体体现。作为一项"矜老恤幼"的典型制度,西周时期减免老、幼刑罚的做

法，后世今朝都得以继承和发扬。经过春秋战国时期直到秦的一统天下，法家思想成为当时法制的主导理论，但在上述秦律中，我们仍可清楚地看到刑事责任年龄的标准确定上，受到传统周礼的影响。这也再次说明，秦律同样受到传统儒家思想的影响。按《周礼》贾公彦疏："七尺谓年二十，六尺谓年十五。"秦代以六尺作为成年人与未成年人的界限，这也与《周礼》相一致。

以身高作为判断年龄的标准，这是与当时的实际情况相符合的，有着历史的合理性。西周严格的家族世居状况随着春秋战国社会的动乱向松动瓦解，国破家亡，流徙他乡。官府对其民众难有稳定明确的户籍登记管理制度，自然也就很难确定人们的真实年龄。查明当事人的实际年龄的困难，与传统适用刑法责任年龄原则的要求，成为司法实践中不得不解决的问题。秦律就是在这一状况下，积极变通的成功结果。

此外，还有几点需要说明：

一是身高六尺只是秦律用以判断当事人是否成年的综合标准之一，其他如"官"（经官方认可的婚姻）等等在司法实践中，也成为判定当事人是否成年的标准。

二是秦简所规定的刑事责任年龄是指本人违法应负责任的年龄。而由于秦律中规定有一人犯罪举家连坐的株连原则，对于因连坐受刑的家属来说，则不受年龄的限制，即不按上述责任年龄来确定是否承担因连坐而受到的刑法。如秦律中还有"子小未可别，令从母为收"的记载，也即虽然子未成年，因为连坐的关系，仍然与其母一并被收入官府为奴。

以往将《秦简》中的法律用来说明秦统一后的秦代法律制度，严格讲来这并

不妥当。当然，一种法律制度的发展和完备，都有其历史渊源，都经历了一定的发展过程，而且有很强的承继性。战国时秦国的法律是魏国《法经》等关东诸国法律与秦国原有法律结合的产物，而秦代的法律又是对秦国法律的直接继承。在秦代法律史料很少的现实条件下，研究其法律制度中某一方面问题，以《秦简》中秦律的内容来说明，在绝大多数情况下无疑是正确的，往往事实上也只能如此。但是如将《秦简》反映的历史时期不加说明地作为"秦代"的状况介绍，就难免混淆历史，使人产生模糊认识或错觉，以为秦律是秦统一后由秦始皇为首的统治者制定的。

统一的秦代从始皇二十六年建立，至二世三年（前207年）灭亡，共历15年。在统一后（秦代）的短短十多年中，始皇在法律方面固然也做了不少事，对此，司马迁在《史记·秦始皇本纪》中有多处记载，但他主要的业绩是随统一战争的胜利将秦国已有的法制推向统一后的全中国。至于立法方面，主要增加的是与皇帝制度、中央集权有关的立法。从某种意义上说，秦始皇（尤其后期）破坏了秦的法制，从而导致秦代二世而亡。

在之后的汉、唐时期，老幼犯罪减免刑罚的制度在传统法典中得到进一步规范化。其追求公平、公正的目的，被传统的伦理身份等价值的迷彩所包裹。直到民国时期的刑法典中，仍有"八十以上及暗哑人，得减轻其罪"的规定。

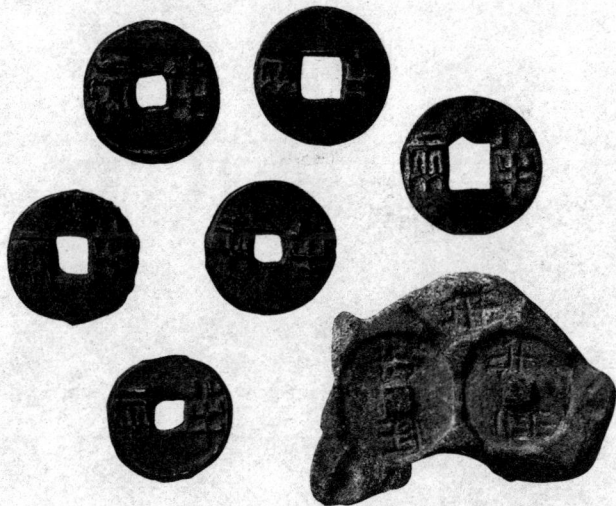

三、秦国的婚姻伦理观念和婚姻制度

（一）官方的婚姻伦理观念

学界论及秦人的婚姻伦理观念，都
是统而论之，不分官方和民间。其实，秦
国的婚姻伦理观念应分为官方和民间两
个层面。官方的婚姻伦理规范是"男女有
别"，这从商鞅变法前后秦国的婚姻状
况及所采取的一些列行政措施及法律规
定即可看出。商鞅变法前秦国的婚姻状
况史书无载，只能根据变法时的资料推

论。商鞅说："始秦戎狄之教，父子无别，同室而居。今我更制其教。而为其男女之别。"这反映出，商鞅变法前，秦人受戎狄之俗的影响，父子兄弟过着共妻混居的生活，几乎没有男女有别的观念。商鞅为改变这种混乱的婚姻关系，制定了两项男女有别的措施：其一是"令民父子、兄弟同室息者为禁"，其二是"民有二男以上不分异者，倍其赋。"可见，秦民仅分室而居还不行，家有两男必须另立门户。这样两男必须各自娶妻才能独立生活，从而运用政权的强制力，拆散大家庭，形成一夫一妻的小家庭，向全社会强行灌输男女有别的婚姻伦理观念。应当指出的是，秦国所宣扬的"男女有别"与东方国家所宣扬的"男女有别"并不完全相同，区别在于前者是在强制拆散父权制大家庭、令父子兄弟分户析居为小家庭的条件下实现"男女有别"，而后者则是在以夫妻为核心的小家庭和父母兄弟妻

子型"八口之家"父权大家庭并存的情况下讲"男女有别"。

商鞅变法后，男女淫乱的事情仍经常发生，上层贵族更为典型。史载："宣太后与义渠戎王乱，生二子。"《战国策》载："秦宣太后爱魏丑夫。太后病将死，出令曰：'为我葬，必以魏子为殉。'"但自商鞅之后的秦律开始禁止夫妻双方淫佚，对通奸者给予惩处。为进一步提倡男女有别，维护一夫一妻婚制，秦律规定："女子去夫亡"，而与他人"相夫妻"，要被"黥为城旦舂"，可见男女通奸在法律上都被认定是犯罪。《睡虎地秦墓竹简》载："某里士伍甲诣男子乙，女子丙，告曰：'乙、丙相与奸，白昼见某所，捕校上来

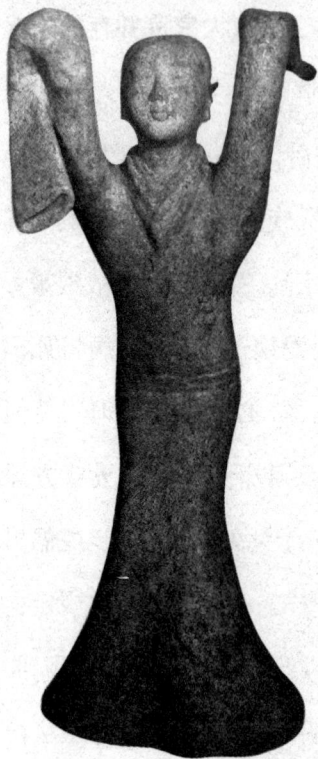

诣之。'"即奸夫奸妇被抓捕送到官府。另如亲王对其母与嫪毐通奸的处置，车裂嫪毐，幽禁太后，扑杀二弟。虽然很残酷，但却不是法外之刑，它符合秦律对婚姻生活的规制，反映了自商鞅提倡男女有别以来，秦风俗得到一定程度的好转。当然，对此事的严酷处置与嫪毐叛乱也有一定关系。秦王朝建立后，秦始皇巡行天下勒石宣扬"男女洁诚""男女礼顺，慎遵职事"，甚至公开昭示天下"夫为寄豭，杀之无罪。"这项规定具有法律效力，因为只有国家法律的权威地位才可以判定特殊情况下的"杀人无罪"。秦始皇对一个叫清的寡妇以礼相待，认为她是贞妇而筑女怀清台加以表彰，这些措施一以贯之，都是提倡男女有别。可以说，强调男女有别是自商鞅变法以来的秦国乃至秦王朝国家的婚姻伦理观念，属于官方的思想意识形态。其目的当然是通过"男女洁诚"的"男女礼顺"来达到稳定一夫一妻制个体家庭，让人民向封建国家提供更多的租赋兵徭，为国家统治服务。

（二）民间的婚姻伦理观念

秦国民间婚姻伦理观念有：重功利的婚姻价值观；轻伦理的婚姻价值观；重视夫妻互爱，但仍是夫尊妻卑。学界认为《睡虎地秦墓竹简·日书》产生于秦昭襄王时期，代表了秦人早期的婚姻伦理观念，反映的多为中下层人民的生活，其中有相当篇幅谈到秦人的婚娶生子。有学者曾研究过这方面的内容。但是，目前的研究主要是关于秦人男择女的观念，而在现实生活中应是男女对等的。在《日书》甲种《生子》《人家》《日书》乙种《生》诸

篇中反映秦人生育观念的材料中有一些女择男的观念，因为父母对子女前途的企盼通常就是男女的择偶标准。《日书》中记载的秦人生育观念体现出秦人的婚姻生活和婚姻伦理观念。

1.重功利的婚姻观念

其一，希望生子为吏，女子为邦君妻。

《日书》乙种《生篇》载："凡生子北首西向，必为上卿，女子为邦君妻。"《日书》甲种《星篇》载："亢……生子，必有爵。""牵牛……生子，为大夫。""营室……生子，为大吏。""奎……生子，为吏。""觜……生子，为正。""张……以生子, 为邑杰。"《日书》甲种《生子篇》"癸丑生子……必为吏。""甲寅生子, 必为吏。"杨宽说:"秦的官职和爵位是不分的。"一般来说有爵才可为吏, 为吏必有爵, 秦以吏为师, 有权有势, 故秦人父母希望其子有爵为吏, 希望"女子为邦君之妻"。这是成千上万的秦国庶民之女梦寐以求的为妻境界, 她们把自己不能实现的理想寄托在自己的子女身上。可见希望生子"有爵""为吏""女子为邦君之妻", 既是秦人的生育观念, 也蕴含秦女择偶的重要标准。

其二, 希望生子勇武有力。

《日书》甲种《生子篇》载:"壬午生子, 穀而武。""壬辰生子, 武而好衣剑。""甲午生子, 武有力, 少孤。""甲辰生子, 穀且武而利弟。""庚戌生子, 武而贫。""壬子生子, 勇。""乙丑生子, 武以工巧, 丙寅生子, 武以

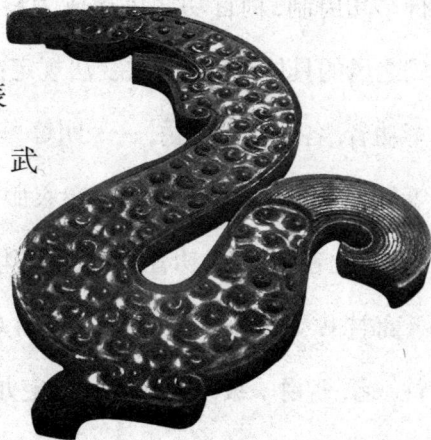

圣。"《日书》乙种《生篇》载:"丙寅生,
武,圣。""甲戌生,武有力,寡弟。""任
子生,勇。""庚申生,勇。""庚申生,
勇。"简文中的"穀",意为善,也指俸
禄。以上简文既反映出秦人希望儿子"勇
武有力"的生育观念,也是秦女择偶的重
要标准。秦人素有尚武之风,商鞅变法实
行军功爵制,尚首功之风遂成为秦人尚
武之风的具体体现。商鞅变法规定:"有
军功者,各以率受上爵,……明尊卑爵秩
等级,各以差次,名田宅臣妾衣服以家
次。有功者显荣,无功者虽富无所芬华。"
《商君书·境内》详细规定:"能得(甲)
首一者,赏爵一级,益田一顷,益宅九亩,

除庶子一人，乃得入官兵之吏。"《韩非子·定法篇》也载：商君之法曰："斩一首者爵一级，欲为官者为五十石之官；斩二首者爵二级，欲为官者为百石之官，官爵之迁与斩首之功相称也。"可见只要秦民有斩敌首之功，平民即可获爵、做官，成为大小地主，按爵位享有"名田宅""除庶子""赐邑""赐税"等封建特权。诚如商鞅所说："彼能战者践富贵之门。"既然当时军功的主要表现形式是"斩敌首"，那么获得斩首之功首先就要求战士"勇武有力"，勇武有力之士在一定程度上就意味着能享受荣华富贵，其中少数人甚至能得到国君的尊宠，如秦武王时，"力士任鄙、乌获、孟说皆至大官。王与孟说举鼎，绝膑"。

正如前述秦人希望生子"有爵""为吏"，生女"为邦君之妻"既是秦人的生育观念，又是秦女择偶

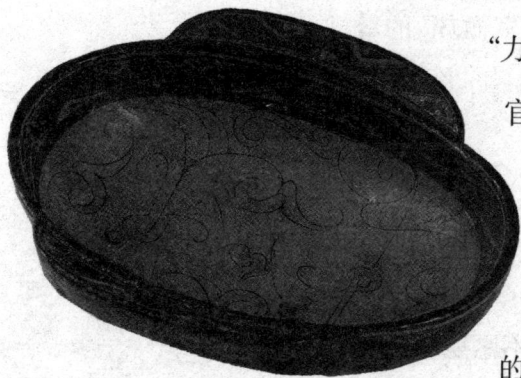

的重要标准一样，秦人希望生子"勇武有力"也预示着由斩首之功而获取爵位、官位的前途，自然也就成为希望当"邦君之妻"的秦女重要的择偶条件，这种推理应该是合乎实情的。当然，斩首之功的获取也并非易事，有时还受到其他条件的制约，因此，必然存在一些虽然勇武有力但却不能获取军功，以致"武而贫"的秦民。

其三，不愿娶贫家女为妻。

秦人重功利的婚姻伦理观念也反映在娶妻时对女子经济要求方面。秦男子很重视女方的经济条件，不愿娶贫家女为妻。《日书》甲种《星篇》载："氐……娶妻，妻贫。"《日书》乙种《九月篇》载："氐……娶妻，妻贫。"简文反映了一夫一妻小农家庭渴望富裕生活、惧怕贫穷折磨的社会心理，当然是可以理解的。中原地区的男子择妻时虽然也考虑女方的经济条件，但似乎更重视女方的相貌和人品等条件。在中原地区普遍适用的"七出"中的内容，对女子弱点的挑剔可谓严格，但没有一条是嫌弃妻贫的，这反映出秦人择偶比起东方国家有较强的功利性。

其四，希望与富家男女联姻。

缔结婚姻时，男女都重视对方的经济条件。但女方更重视，因为她出嫁后将依赖夫家生活，因此有一个富足的家庭对男女双方都是很重要的。《日书》甲种《星篇》载："乙亥生子，穀而富。""辛巳生子，吉而富。""丙申生子，好家室。""戊戌生子，好田野，邑

屋。""壬戌生子，好家室。""辛未生子，肉食。""肉食"指有权阶层。"壬申生子，闻。""闻"，指好名声，亦指好家室。《日书》甲种《人字篇》载："人字篇……富难胜也。……在奎者富。"《日书》乙种《生篇》载："辛未生，肉食。"从以上所列三项秦人功利性的择偶条件来看，与富家男女联姻无疑是秦人主要的择偶标准之一。

2.秦人轻伦理的婚姻观念

秦人婚娶轻伦理主要表现在对妻的要求中没有七出中"不顺父母、淫、盗窃"等属于伦理道德方面的内容。从《日书》看，秦人嫌弃妇女以下几方面的弱点：一是悍。《日书》甲种《星篇》载："心……娶妻，妻悍。"《日书》乙种《十月篇》载："心……娶妻，妻悍。"悍妻对夫权造成严重威胁，导致家庭矛盾。二是妒。《日书》甲种《星篇》载，"角……娶妻，妻妒"；《日书》乙种《八月篇》载：

"角……娶妻，妻妒。"三是多舌。《日书》乙种《十月篇》载："箕……取妻，妻多舌。"四是惧无子。《日书》甲种《梦篇》载：宇多于西北之北，绝后。"井居西，必绝后。""内居西北，无子。""依道为小内，不宜子。"女子生育能力是男子择偶首先要考虑的因素，就是怕绝后。五是惧妻病。《日书》甲种《梦篇》载："圂居东北，妻善病。"这与《大戴礼记·本命篇》载："妇有七去：不顺父母去，无子去，淫去，妒去，有恶疾去，多言去，盗窃去"相比照，秦人所嫌弃女子的弱点，无"不顺父母，淫，盗窃"三条，这不是偶然的。

关于不顺父母,西汉贾谊指出:"秦人家富子壮则出分,家贫子壮则出赘。借父耰锄,虑有德色;母取箕帚,立而谇语。抱哺其子,与公併倨,妇姑不相悦,则反唇相讥。其慈子嗜利,不同禽兽者无几耳。"

这段记载入木三分地刻画了秦妇不顺父母的形象,究其不顺父母的原因,在于商鞅变法拆散大家庭,建立一夫一妻制小家庭的政策,父子之间的经济联系在分家别居时切断后,妻子如果照顾父母,势必损害自己小家庭的利益。因此,秦男子不嫌其妻不顺父母是有其深刻的社会基础的。

关于淫。秦人不嫌弃妻淫,是因为秦人有戎狄之婚俗,父子兄弟同居共妻,婚姻中通奸、淫乱,以前不受制裁。自商鞅起,利用国家权力贯彻"男女有别",正是谋求纠正秦人淫乱旧俗,树立新风。秦民一夫一妻制个体家庭的普遍建立,

对贯彻"男女有别"的婚姻伦理观念
起了很大作用，社会风气确有一
定好转。但戎狄旧俗在秦表现顽
强，虽以重法纠正，但淫乱仍有
发生，社会舆论谴责不力。

所以，秦人不嫌弃妻淫，与
当时秦国社会由旧俗所
造成的通奸乱伦相当普
遍有关。

《睡虎地秦墓竹简》载："臣强
与主奸，何论？弃市。""甲乙交与女子丙
奸，甲、乙以其故相刺伤，丙弗知，丙论何
也？毋论。"秦女逃婚与他人"相夫妻"
也很多。《睡虎地秦墓竹简》载："女子
甲为人妻，去亡。""女子甲去夫亡，男子
乙亦阑亡，相夫妻，甲弗告情，居二岁，生
子。""甲娶人亡妻以为妻，不知亡，有子
焉。"至于秦王室贵妇的淫乱已见上述，
不赘。由于当时社会上通奸乱伦相当普
遍，故社会伦理道德规范亦较少责备女
子淫的内容。

盗窃，在秦国社会也很普遍。《睡虎地秦墓竹简》载："夫盗千钱，妻所匿三百，何以论妻？""夫盗三百钱，告妻，妻与共饮食之，何以论妻？""夫妻子十人共盗，当刑城旦，亡，今甲捕得其八人。""宵盗，赃值百五十，告甲，甲与其妻、子知，共食肉，甲妻、子与甲同罪。"

从秦简可见，当时的秦社会夫盗妻藏，夫妻盗钱共饮食，全家举盗，鉴于这样的情况下，秦人怎么能责备、要求妻不盗窃呢？

由上述可见，"七出"中的无子、妒、多言、恶疾四项，秦人对妇女的指责也有。但这四条基本上不属于伦理道德的范畴，至少是伦理含义不明显。而"不顺父母、淫、盗窃"涉及到家庭伦理，夫妻伦理和社会伦理的几个重要方面，秦人却不对此加以指责，说明秦人在婚姻伦理观念方面，确实有请示伦理的倾向。

重视夫妻互爱，但仍是夫尊妻卑。

中下层社会的秦人夫妻关系较密切，希望相守偕老。《日书》甲种《吏篇》云："凡娶妻、出女之日，冬三月奎，娄吉。以奎，夫爱妻；以娄，妻爱夫。"《日书》甲种《星篇》云："娄……以取妻，男子爱。""胃……以取妻，妻爱。"这些简文反映出秦人夫妻之间确有真实感情，希望能长期生活在一起。《日书》甲种《吏篇》载："春三月季庚辛，夏三月季壬癸，秋三月季甲乙，冬三月季丙丁，此大败日，取妻，不终。""戌与亥是谓分离日，不可取妻。取妻，不终、死若弃。"秦国社会主要是以夫妻为核心的个体小农家庭构建成的，家庭经济的脆弱性使得男耕女织的共同劳作成为家庭存在的必要前提，这样，夫妻处于小家庭这个统一体中，互以对方的存在为婚姻家庭存在的条件，如果娶妻不终，个体小农就可能因无力续弦而导致家庭的解体。另一方

面，这个小家庭又是一个使夫妻双方都能基本满足生活需要、充满天伦之乐的小天地，自然容易产生相守偕老，密切重情的夫妻关系。

应当指出的是，秦人夫妻关系总体上仍是夫尊妻卑。夫权在家庭中占主导地位。《日书》甲种《星篇》载："中春轸，角、中夏参，东井，中秋奎，东壁，中冬箕、斗，以娶妻，弃。凡参、翼、轸以出女，丁巳以出女，皆弃之。"秦人弃妻在秦律中也得到了反映。秦律规定："弃妻不书，赀二甲"。可见，秦人弃妻得到了法律的认可的，只是在弃妻不到官府登记的情况下才处以"赀二甲"的财产刑。而秦律这样规定，只是为了让官府可以随时掌握天下户口的变动情况，以便更好地征纳租赋兵徭并非为了限制或惩罚"弃妻"之举。当然，秦简中也有一些记载女子为人妻而"去夫亡"，或与他人"相夫妻"的事例，这似乎反映了秦妇有抛弃丈夫、寻求

自由婚姻的权力，其实不然。对于"女子去夫亡"，或与他人"相夫妻"，依秦律规定"当黥城旦舂"。"黥"是肉刑，含有人格侮辱的意义，城旦舂是最重的徒刑，这种量刑并用、轻罪重罚的目的，就是首先要求妻子必须忠于丈夫。可见，妻子不但无"弃夫"之权，而且被男子所弃之妻也要处以"赀二甲"的财产刑，承担家庭破裂的道德和法律责任。可见，夫妻恩爱并不意味着夫妻平等，正像说君臣有义而君尊臣卑，君臣不平等一样。因此，不应对秦民的夫妻平等水平估计过高。

（三）秦国的婚姻制度

1.男子"多妻"观与女子"贞节"观

男子"多妻"观

一夫多妻的婚制是中国婚姻制度中一种特殊现象。虽然中国自周代以来，就以一夫一妻为原则，并且历代的法典也

有禁止重婚的规定。然而纯粹的一夫多妻的事实，在历史上虽较为少见，但也不是没有。例如《战国策·秦策》上记有"楚人有两妻者"。《左传》又有所谓并后（见桓公十八年辛有之言），晋世复屡有双妻的事实，如温峤有二妻、俱封夫人，程谅立二嫡等。然而，一夫多妻制并不是普遍的现象，因为男女比例的限制，实行多妻者总是社会中一部分有财力有权势的人物，而一般平民还是通行一夫一妻的。

秦始皇灭六国，统一天下后，唯我独尊，"每破诸侯，写于其宫室，作之咸阳北阪上，南临渭，自雍门至泾、渭，殿屋复道周阁相属。所谓诸侯美人钟鼓，以充之"。

《三辅导旧事》云："后宫列万余人，气上冲于天。"秦始皇的帝王风范当然为后代皇帝所仿效，而刘邦破秦后更是有过之而无不及。《留侯世家》云："沛公（即刘邦）入秦宫，宫室、幄帐、狗马、重宝、妇女以千数，意欲留居之。樊哙谏沛公出舍，沛公不听。"《汉书·外戚传》云："汉兴因秦之称号，帝母称皇太后，祖母称太皇太后，嫡称皇后，妾皆称夫人，又有美人、良子、八子、七子、长使、少使之号焉；至武帝制婕妤、娙娥、容华、充依，各有爵位；而元帝加昭仪之号，凡十四等云。"

而秦始皇统一天下后到越国巡视，在会

稽山上刻石说："饰省宣义，有子而嫁，倍
（即背）不贞。防隔内外，禁止淫佚，男女
吉（即洁）诚。"可见，"多妻"只是上层
统治阶级享有的权利，平民百姓在统治
阶级的压制下，是不会轻易有此念头的。

在秦人社会中，下层百姓以一夫一妻
的单婚制为主，在《睡简》及《日书》中看
不出复婚制的迹象，也偶见有娶多妻的
记录，如《日书》"星"章：

毕，以邋（猎）置罔（网）及为门，吉。
以死，必二人。取（娶）妻，必二妻。

"诘"章：

人妻妾若朋友死，其鬼归之者，以莎

苪、牡棘枋（柄），热以寺（持）之，则不来矣。

这里提到"取（娶）妻，必二妻"和"人妻妾"，似乎暗示当时男子多妻妾的现象。然而必须说明的是，既然秦人可以自由解除婚姻关系，男子休妻时只需到官府登记即可，那么，休妻后再婚娶妻也是很容易理解的，若仍对再娶的妻子不满意，还可以休弃她再经历第三次择妻。所以，"取（娶）妻，必二妻"不一定必指多妻，还可能是指第一次婚姻不理想，解除第一次婚姻关系后再次择妻。因此，睡简中虽然有"二妻"的记载，但是并不能依此来证明中下层百姓"多妻"的现象。而

且，这里的妾也身份不明，在睡简中多处记载了"吏臣妾"的情况，并解释道："男奴为吏臣，女奴为隶妾。"因此人的"妾"也可能是家里的女仆，不能作为"多妻"的依据。不过，这里将妻、妾和朋友三者相提并论，可见这里"妾"的身份也不寻常，可能是主人比较宠幸的仆人。

其次，我们来看看秦社会赘婿的情况。"赘"字本意是指人身上隆起的肿瘤，是多出的怪异物。唐颜师古考订《汉书》时为"赘婿"作了一个注脚："谓之赘婿者，言其不当出在妻家，亦犹人身体之有疣赘，非所应有也。一说，赘，质也，家贫无有聘财，以身为质也。"从这段文字可以看出"赘婿"是被人鄙视的，其地位是很低的。

《史记·商君列传》记载，商鞅在秦国主持变法时曾经规定："民有二男以上不分异者，倍其赋。"汉代的贾谊解释说："家富子壮则出分，家贫子壮则出赘。"商鞅做出这一规定的目的是为了增加户口税的收入，但是对于贫困的人家来说本来就没有钱财娶媳妇，不能分家还要加倍增收赋税，只能采取赘婿的办法既减轻赋税又解决婚姻问题。这里提到的"赘婿"，他们在妻家的地位相当于寄居的人，没有权力。秦代赘婿竟被征服兵役及劳役。秦始皇统一天下后到越国巡视，自爱会稽山上刻石说："夫为寄豭（即赘婿），杀之无罪。"意思是男子不得为赘婿，赘婿如公猪，可以把他杀死。赘婿的身份低贱，在妻家没有经济实力和地位，又受到社会的鄙视，这类人更是无法有"多妻"的念头。

　　因此，由于社会的种种压力，秦人绝大多数实行一夫一妻的婚姻形态，然而这种现象带来的是更多的休妻事实。男子若是对其妻不满意，就可以登记休妻，然后又可以再次娶妻，或是妻子死后，很快就能再找一个。

　　再次，谈到结婚所需的费用问题，前面提到结婚时男女双方父母共同张罗的，宴饮、买进奴隶货物等，需要一定的经济财力。而且，民有二子以上必须分家，否则加倍交纳赋税。这就是说，如果一个男子多妻多子，那么结婚的费用加重不说，还有承担分家、分房、分财的责任，由此带来的家庭负担会更重。没有经济实力结婚的话，就不得不作为社会所贱视的赘婿。因此，真正的一夫一妻制，唯有穷人奉行而已。这也是睡简中少见多妻妾现象的原因。

睡简中秦律明确规定男子没有在外拈花惹草的权利，《为吏之道》所附抄的《魏户律》规定："民或弃邑居壄(野)"即跑到乡下去居住的人，如果"徼人妇女"，是要受到惩罚的。秦律中特意附抄了这条魏律，可见秦王朝对这一问题的重视。秦始皇三十七年（前210年），南海刻石云："防隔内外，禁止淫佚，男女洁诚，夫为寄豭，杀之无罪"《史记索隐》谓："豭，牡猪也，言夫淫他室，若寄豭之猪也。"这里清楚地说明：如果丈夫旁淫，就可视之为"寄豭之猪"，妻子可以"夫不守贞操义务"为由，把他杀掉而不承担任何法律责任，妻子权利之大，在后世无出其右者。

女子"贞节"观

先秦时期，以儒家为代表的一套

秦始皇帝

纲常名教即已产生，诸如"男女授受不亲""忠臣不事二君，贞女不更二夫"等观念已被诸子提出。这种强调男女有别、注重女性贞节的观念，无疑会对两性关系产生一定的制约作用。然而，就整个秦代社会而言，儒家的这套说教并没有对当时社会造成规范作用，秦社会不乏男女私通的例子。

秦国地处西陲，受西周礼乐文化的

影响较小，相反受戎狄文化的影响却很深，民间百姓的生活没有受到很大程度的约束。商鞅变法的重要内容之一，就是"令夫子兄弟同室而息者为禁"，商鞅说："始秦戎翟之教，父子无别，同室而居，今我制其教而为男女之别。"目的显然在于革除落后的婚姻习俗和禁止不良两性关系，促进一夫一妻制和个体小家庭的发展。虽然儒家是从道德教化着眼，法家则从法令禁止入手，但在"男女之别"这一点上却是完全相同的。秦始皇的残暴不仁为历代所唾骂，但在促进具有重要人道意义的夫妇伦理方面，却做出了相当大的贡献。自统一六国之前，他就筑"女怀清台"，褒奖蜀寡妇夫死不嫁、贞洁自守的品德；全国统一以后，他在各处巡游时多次下令提倡夫妇伦理，对男女无别，丈夫不忠、妻子不贞等进行严厉谴责和禁止。例如《泰

山刻石》记载的秦始皇诏令中，要
求"男女理礼顺，昭隔内外，
糜不清净，施于后嗣"；
《会稽刻石》上的诏令则称
"饰省宣义，有子而嫁，倍死不
贞。防隔内外，禁止淫佚，男女
挈诚，夫为寄豭，杀之无罪，
男重义程。妻为逃嫁，子
不得母，咸化廉清"虽然
商鞅和秦始皇颁布、实
行有关法令，导致秦人"子壮
则出分"，并带来了一些不良后果，但他
们在改革落后的两性习俗、促进夫妇伦
理发展方面，无疑是有一定历史贡献的。
《汉书·外戚传》也有"高祖薄姬，文帝
母也。父吴人，秦时与故魏王宗女魏媪
通，生薄姬"的记载。不仅平民百姓中有
私通现象，连皇室贵族也不乏私通的例
子。秦王政继位后，吕不韦为相国。太后
时时与相国私通，后又绝爱大阴人嫪毒

有了两个私生子。从这些材料可以看出，秦代男女私通的现象较为普遍，也为社会所默许。而且，对于夫妻间的私生活，秦人并不像后人那样秘而不宣，感到难以启齿，他们对这一问题倒显得颇为坦率，更有在大庭广众之下宣布自己私生活的情况。秦昭襄王母宣太后面对韩国的使者尚靳，曾直言不讳地说："妾事先王也，先王以其髀加妾之身，妾困不疲也，尽置身妾之上，而妾弗重也。"

从睡虎地秦简来看，秦代百姓中男女私通的现象也不乏其例。如《法律答问》中记有：甲、乙交与女子丙奸，甲、乙以故相刺伤，丙弗智（知），丙论可（何）殿

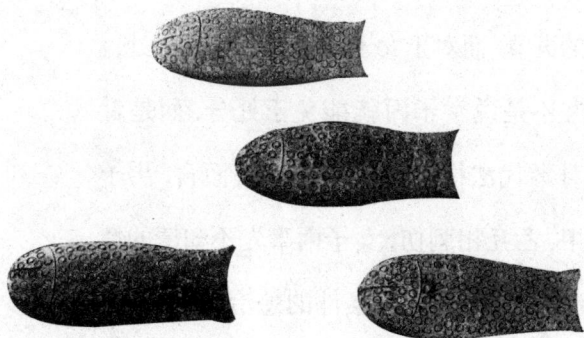

（也）？毋论。

意思是说男子甲和男子乙俱与女子丙私通，甲、乙为此互相刺伤，而丙在尚不知情的情况下，免受法律的论处。

这一法律案件表明，社会上男女私通现象并不偶见，女子并不十分看重自己的贞节。而对于女子丙免受法律的论处，并不是说女子丙就能免于处分，而是针对秦代法律连带处罚的判决而言，男子甲、乙互相刺伤，女子丙事先不知情的情况下，丙免于刺伤案件的惩治，而丙与人私通还是要受到法律制裁的。如另一案例：

爰书：某里士五（伍）甲诣男子乙、丙，告曰："乙、丙相与奸，白昼见某所，捕校上来诣之。"

意思如下：某里士五甲送来男子乙、丙，报告说："乙、丙通奸，昨日白昼在某处被发现，将两人捕获并加木械，送到。"

秦法律专门针对社会上男女私通现象制定惩罚措施，即官吏有权将私通的男女抓捕归案，以让这一不良风气得以遏止，这是对未婚男女而言。而已婚妇女再

嫁或私逃现象也在秦简里有所体现。

寡妇再嫁古时称为"再醮"。"再醮"不在婚姻的"六礼"之内，所以其礼俗没有初嫁女那么繁杂。按照礼制的规定，寡妇再嫁是一种非礼的行为，《礼记·郊特牲》说："妇人，从人者也，幼从父兄，嫁从夫，夫死从子。"又说："一与之齐，终身不改，故夫死不嫁。"可见从儒家的伦理观来说是反对妇女改嫁的。大概是受其影响，寡妇也忠于死去的丈夫，不愿再嫁。《汉书·烈女传》搜集了一百二十四名符和"母仪""贤顺""节义"标准的妇女典范势力，"从一"是其内重要内容。如《蔡人之妻》记载："蔡人之妻者，宋人之女也，既嫁于蔡，而夫有恶疾，其母将改嫁之。女曰'夫不幸，乃妾不幸也，奈何去之。'适人之道，壹与之醮，终身不改，不幸遇恶疾，不改其意。"

其实在《礼记》成书的年代，改嫁

是一种正常的存在。《左转·僖公二十三年》记载重耳奔赴他国时对他的妻子季隗说："待我二十五年不来而后嫁。"汉代更进一步，上至皇亲国戚，下至庶民百姓，凡寡妇都有再醮的自由。汉高祖刘邦的谋臣陈平为庶民时之妻张氏，先后五次嫁人，五个丈夫都死了，第六次改嫁陈平。张氏改嫁正处于秦时，足见秦代人们对寡妇多次改嫁并无偏见。

在统一之前，秦男女关系比较自由，当时社会中"贞"的观念还十分淡薄，刻意追求女子节贞的观念也并未产生。前面所引大量的再嫁实例，都说明秦人并没有产生注重贞节的观念。而统一以后，秦始皇才开始特别重视女子的贞节，并对规范贞操观念主要做了几件事：一是在几次名山刻石中提及贞节。在巡游全国各地时，始皇在名山的石刻上提倡并强制妇女守贞洁。这实际上是秦始皇对男女双方所作出的道德方面的规定，如果有

违反，就要受到惩罚。顾炎武认为，会稽这个地方因为有越王勾践提倡繁殖人民之故，风俗较他处较为淫乱，故秦始皇在此刻石，严禁此类风俗。二是在巴蜀选了一个名叫清的寡妇作典型，在全国进行表彰，宣传她不仅为其丈夫守节，而且还善于经营，把丈夫留下来的财产打理得很好。秦始皇还因此为她修筑了一座怀清台，表彰她的保持贞节并善于经营的事迹，以让后人效仿。这是秦始皇想要达到的一种既要女子遵守封建社会所需要的道德，又要求她们为国家做贡献的政治目的。这与后世仅关注于女子的道德是有所不同的，这应该是秦国的观念习俗一以贯之的结果。而事实上，寡妇清的行为也许只是因为家产丰厚，为了避免被外人窃夺，只好自己打理并保持下去。标榜"清寡妇能守其业，用财自卫，人不敢犯"，这与女子守贞、从一而终的贞节观念无关。

出于社会并不十分看重女子的贞节而导致男女之间生活作风的不洁的情况，秦律对这种造成不良风气的现象加以制约，以形成良好的社会风气。

然而往往事与愿违，秦社会上男女自由之风气并没有因此而消失，妇女"贞节观"在秦时并未真正建立起来。秦法律又对私通的对象进行了严格的限定，即有血缘关系的男女双方不可发生关系，否则要遭到法律的严格制裁。秦律里有这样的案例：

同母异父相与奸，可（何）论？弃市。

其意指同母不同父的人通奸，如何论处？应弃市。弃市可以说的是秦法律中最为严重的处罚了。从这个法律条例"同母异父"的人"相与奸"可以看出，由于社会上男女之间的相对开放，甚至有血缘关系的男女也可能会发生乱伦。因此，法律要对此类现象加以限制，并规定处以"弃

市"这样严格的惩罚。

秦律的这一规定使我们看到,在当时男女之间处于一种相对开放的环境下,社会已形成一定的伦理规范,有着血缘关系的男女之间应严格恪守伦理道德,行为不得越轨,否则要受到来自道德和法律的严惩。

秦律中还有已婚妇女私自出逃再嫁并生子,而其夫不知的现象。只有在私逃妇女告知下,才清楚自己妻子的身份来历。这都说明社会上并不排斥女子再嫁,女子守操守观也没形成一种风尚,有时就连丈夫也并不十分在意自己的妻子是否贞洁。

2.妇女在社会、家庭生活中的地位、作用和责任

众所周知,旧时社会,男尊女卑。女子的社会、家庭地位低下,据史料的记载,她们遇到来自社会、夫家的欺凌绝非偶然。有时竟连奴隶也欺负她们,睡简:

臣强与主奸,可(何)论?
比殴主。斗折脊项骨,
可(何)论?比折支
(肢)。

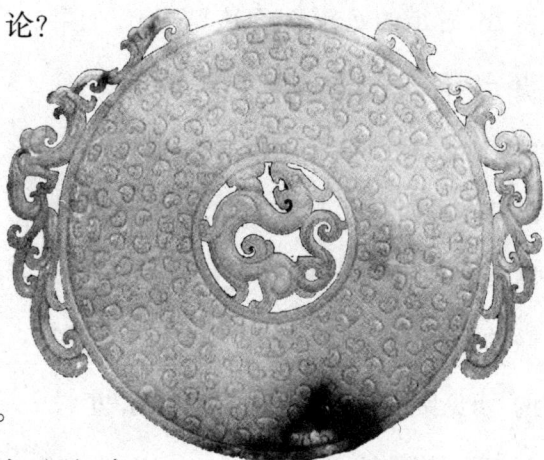

意思是说,如果男
奴强奸主人,应如何论
处?与殴打主人同样论处。
斗殴折断了颈项骨,应如何论处?与
折断四肢同样论处。由于妇女地位低下,
丈夫殴打妻子的家庭暴力事件是经常发
生的,而秦法律也为此制定了相关刑罚
规定,表面上看,似乎是在替妇女声张正
义,维护了妇女的某些权益,而本质上,
从被惩对象接受的法律处罚来看,其刑
罚与妇女所受的悲惨遭遇,是不可相提
并论的。睡简:

妻悍,夫殴治之,决其耳,若折支
(肢)指、胅体,问夫可(何)论?当耐。

当耐,指应当接受耐刑。而耐刑已经
是秦法律中最轻的处分了,仅相当于受到

警告、游街的处分。这条案例指出，如果妻子凶悍，其夫加以责打，撕裂了她的耳朵，或折断了四肢、手指，或造成脱臼，问其夫应如何论处？答曰应处以耐刑。家庭暴力是何等残酷，而丈夫仅仅受到轻微的警告，这与妻子的伤痛是无法比拟的，可见秦法律的制订者统治阶级"男权至上"的虚伪性。

妇女的地位低下还体现在不可乘坐安车上。睡简另一条秦律规定：

以其乘车载女子，可（何）论？赀二甲。以乘马驾私车而乘之，毋论。

乘车，《尚书·大传》"乘车。"注："安车也。"即一种可以乘坐的小车。《礼

记·曲礼上》："大夫七十而致事，……适四方，乘安车。"简文的意思是，用其乘车载女子，如何论处？应罚二甲。用驾乘车的马驾私人的车而载女子，则不予论处。乘坐安车是一种特殊待遇，显然妇女不具备自个坐乘，而只能乘坐私人的车。若是用乘车载女子竟要受到"罚二甲"的处罚。这样就严格限制了妇女的权利，是秦社会对妇女的不公平待遇。

妇女还常常被休弃。"休妻"，也就是"出妻"，它与"遗弃"在本质上属于一个意思，唯一不同的就是"休妻"是"名正言顺"的事，并且明载于礼法上。在秦代社会，妻子如果不能让自己的丈夫满意，

将随时面临被休弃的命运，这在当时是一种普遍的社会现象，在此妇女又再度成为了被损害与被侮辱的对象。古礼有"七出"之说，即休妻的七大理由。《大戴礼记·本命》上的"七出"，就已将休妻的名目罗列如下：

妇人七出：不顺父母，为其逆德也；无子，为其绝世也；淫，为其乱族也；妒，为其乱家也；有恶疾，为其不可与共粢圣也；口多言，为其离亲也；盗窃，为其反义也。

秦代男女自由结合的例子不少，但女性仍摆脱不了被休弃的命运。受秦政策制度的影响，休妻需进行登记。休妻由丈夫提出，并让官府对此事加以记载被休弃的妻子在此事件中完全处于被动地位，但是对是否登记一事却是负有责任的。睡简案例：

"弃妻不书，赀二甲。"其弃妻亦当论不当？赀二甲。

从中可见，休妻而不登记的男子，应罚二甲。所休的妻子也和前夫一样，应罚二甲。妻子往往处于被动地位的同时又受到条例制约，在被休弃的状况下，还要履行监督丈夫去官府登记的社会责任。

男子可以任意休妻，而女子则无权要求离异，她必须请求丈夫的同意。倘若她不满意已成的结合或受不了丈夫的鞭挞苛责而擅自离去的话，就会得到法律的惩罚。所谓"夫可出妻，而妻不得自绝于夫"，女子因私自出逃再嫁最终将受到法律惩罚。秦代女子"贞节"观念尚未在社会舆论中形成定制的时候，女子再嫁并不是一件违法的事情，而

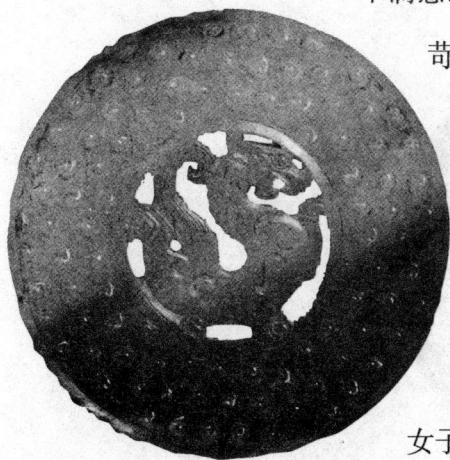

是被允许的，但何以秦简里的私逃再嫁
的女子受到法律制裁呢？原因在于她是
私自出逃，不是通过被休弃而获得的人身
自由。女子想要摆脱婚姻的不幸，只有请
求丈夫将自己休弃，并向官府登记报告此
事，才可以公开合法地获得自由之身，才
可能再次去选择自己的幸福。当丈夫不
同意解除他们不幸的婚姻关系的时候，
妻子除了忍受屈辱以外，别无他法来获
得幸福。当心里的压抑达到无可忍受之
时，她就只好私自外逃，再次寻找自己的
幸福生活，而她这种自身不自由状态下的
行为最终会遭到法律的制裁。

　　妇女还常常被没收为奴。受秦连带法律的约束，丈夫犯罪，其妻子是要连带负法律责任的。就睡虎地秦简看来，妻子受到的连带刑罚主要是"收"，即没收为官婢，没收陪嫁奴婢、衣物。隶臣触犯法律条例，不仅隶臣要受到惩罚，他的妻子也要被没收当作隶妾被卖。

　　隶臣将城旦，亡之，完为城旦，收其外妻、子。子小未可别，令从母为收。可（何）谓"从母为收"？人固（卖），子小不可别，弗买（卖）子母谓殴旁（也）。

　　其意思是说，隶臣监领城旦，城旦逃

亡，应将隶臣完为城旦，并没收其在外面的妻、子。如其子年小，不能分离，可命从母为收。什么叫"从母为收"？就是指人肯定要卖，但其子年幼，不能分离，不要单卖孩子的母亲。隶臣犯了罪，他的妻子和年幼的孩子都要被没收，孩子跟随在妻子身边。家庭中的妻子似乎被一根无形的绳与其丈夫捆绑在一起，丈夫的行为触犯了法律，妻子也是负有责任的，还会和丈夫一起受到相应的处罚。如休妻本是由丈夫登记，当丈夫没做到这点时，妻子也要受罚；丈夫盗窃，妻子也要被处分；丈夫没完成职责内的事，妻子就要被没收。这些法律案例似乎表明，在秦法制社会里，统治阶级也靠夫妇之间的相互监督来治理国家。

而如果妻子事先向官府告发了丈夫的罪行，那么妻子就会免于被处罚，而且法律规定妻子当年陪嫁的奴婢、衣物也不应没收。《法律答问》记有：

夫有罪，妻先告，不收。媵臣妾、衣器当收不当？不当收。

丈夫有罪，妻先告发，不没收为官婢。妻陪嫁的奴婢、衣物应否没收？答曰：不应没收。从这则条例可以推导，如果妻子没有事先揭发丈夫罪行的话，那么妻子不仅连带没收处罚，她陪嫁的奴婢、衣物也要被没收。

如果是妻子犯了罪，那么妻子是要

被没收的。《法律答问》云：

妻有罪以收，妻媵臣妾、衣器当收，且畀夫? 畀夫。

这条问答式的条例表明，妻子有罪被收，其陪嫁的奴婢、衣物应没收，还是给其丈夫? 答曰: 给其丈夫。丈夫不仅不会因为妻子犯罪而连累自己，而且还会得到妻子陪嫁的奴婢、衣物。与丈夫犯罪妻子受牵连相对照，妻子有罪却要独自承担法律的刑罚。

妇女在社会、家庭中的责任: 外出劳作及通过其他方式增加收入。

男耕女织的美好生活在实际中已成为不现实的家庭生活方式了，妇女也要外出劳作，并依靠自己的劳动来获得社会给予的报酬，这样她们便在家庭经济中占有了一定的地位。

家庭是古代社会的基本细胞，一个人为家庭经济贡献的大小，往往决定了其在家庭中的地位。秦代妇女，尤其是广

大下层妇女，是个体家庭的基本劳动力，她们不仅要养蚕纺织，还要下田耕作，在家庭劳动中担负着重要责任，因此她们在家庭经济中有一定地位。"男耕"一直是中国传统社会中男子的主业，但在秦代，女子同男子一样也要下耕作，也成了家庭的重要劳动力。秦时，"关中之地，于天下三分之一，而人众不过什三"。广阔的土地需要人力去开发耕耘，劳动力的缺乏与国家的生存和发展产生了尖锐的矛盾。这时女子就与男人一样要下田耕作，进行农业生产。汉高祖刘邦在秦代担任亭长，曾请假回家干农活，"吕后与两子居田中耨"，身为亭长之妻还要下田耕

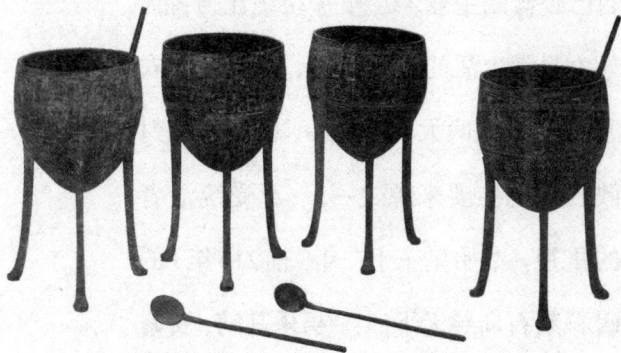

作,普通家庭的妇女可想而知。秦时连年战争,又大兴土木,一旦丈夫服兵役、徭役或者远行,妻子无疑便成为整个家庭的顶梁柱,要承担全部农田劳动,来维持整个家庭的生存。

秦代妇女除了下田劳作,还要进行自己必修的主业"纺织"。纺织作为古代妇女日常生活的衣食之本,不仅是小农家庭经济的两大支柱之一,也是国家财政收入的主要来源之一,一直受统治者的重视。秦始皇三十二年(前215年)的碣石刻石训导天下曰:"男乐其畴,女修其业。"商鞅在秦国变法时就奖励耕织，"耕织致粟帛多者复其身，事末利及怠而贫者，举以为收奴"。这就是说，勤于耕织的男女，能够缴纳"粟帛"租税者，可免除本身的徭役；反之，弃农经商或不勤于耕织而缴不起租税者，则要收为官府的奴婢，可见纺织对于一个家庭的意义。

此外，为了谋生，秦代妇女还通过其他方式来增加家庭收入。秦简《日书》有"庚寅生子，女为贾"，可知当时女子中有经商的。王媪、武贞就是两个开酒馆的妇人，刘邦为秦亭长时常到她们那儿喝酒。韩信早年"钓于城下，诸母漂，有一母见信饥，饭信，竟漂数十日"。漂衣数十日，可见秦时不少下层妇女以洗衣为生。从秦简《日书》中还可以看到"女子为医""女为巫"的字眼，说明有一部分妇女还以行医和从事巫术作为谋生的手段。正是因为秦代妇女亦耕亦织，或靠

经商，或靠一技之长，来维持家庭的生存，她们在经济上才能相对独立，并且在家庭财产方面拥有一定的所有权。

在中国古代封建社会，妇女在家庭中的地位一般都是"妇将有事，大小必请于舅姑"。对于夫家财产，更是无权问津，所谓子妇"无私货，无私畜，无私器，不敢私假，不敢私与"。

而秦代尚非如此。其一，秦自商鞅变法以后，对家庭制度推行严厉的分户析居政策，"家富子壮则出分，家贫子壮则出赘"，规定"有二男以上不分异者倍其赋"。在这种以夫妻子型的核心家庭为主要形态的情况下，秦代的子妇不像后世那样对家庭财产毫无权力；其二，秦代妇女在家庭劳动中发挥了重大作用，甚至同男人一样创造着劳动价值，这就使她们在家庭中拥有了相对独立的经济地位并参与对家庭财产的管理。妇女与男子一样承担起沉重的徭役与兵役。

《商君书·兵守篇》云："壮男为一军，壮女为一军，男女之老弱者为一军，此之谓'三军'也。壮男之军，使盛食厉兵，陈而待敌。壮女之军，使盛食负垒，陈而待令……"

睡简中体现妇女在社会与家庭中劳动的种类，有如下几点：

有做杂活的隶妾：隶妾有妻，妻更及有外妻者，责衣。

百姓有母及同牲（生）为隶妾，非適（谪）罪殴（也）而为冗边五岁，毋赏（偿）兴日，一面一人为庶人，许之。或赎（迁），欲入钱者，日八钱。欲归爵二级以免亲父母为吏臣妾者一人，及吏臣斩首为公士，谒归公士而免故妻隶妾、收人，必

署其已禀年日月，受衣未受，有妻毋（无）有。受者以律续食衣之。

有做针线活谋生的：隶妾及女子用箴（针）为缗绣它物。

有在官府服劳役：居官府公食者，男子叁，女子驷（四）。

报酬

当然，妇女在社会上劳作也是能得到一定报酬的。再看如下条例：

冗隶妾二人当工一人，更隶妾四人当工一人，小吏臣妾可使者五人当工一人。

意思是：做杂活的隶妾两人相当工匠一人，更隶妾四人相当工匠一人，可役使的小隶臣妾五人相当工匠一人。

隶妾及女子用箴（针）为缗绣它物，女子一人当男子一人。

隶妾和一般女子用针制作刺绣等产品的，女子每餐四分之一斗。

因此，不仅地位上存在区别，妇女在社会上完成同样的任务也得到不同的报酬。而与男工的报酬比较起来，则因工作任务不同而有所差别。做刺绣产品的，男女同酬，在官府劳役的则男女报酬有区别。这大概是考虑到刺绣为传统女性擅长，而服劳役则男性付出的体力要多于女性。

法律责任

按照秦律，一人犯罪，则牵连到他所有的亲戚和邻居，其妻子更是应受到法律的连带惩罚。而睡简材料似乎对这一说法有所变动。

夫盗千钱，妻所匿三百，可（何）以论妻？妻智（知）夫盗而匿之，当以三百论为盗；不智（知），为收。

丈夫盗窃一千钱，在其妻处藏匿了三百，妻应如何论处？妻如知道丈夫盗窃而藏钱，应按盗钱三百论处，不知道，作为收藏。

夫盗三百钱，告妻，妻与共饮食之，

可（何）以论妻？非前谋殹（也），当为
收；其前谋，同罪。夫盗二百钱，妻所匿
百一十，何以论妻？妻智（知）夫盗，以
百一十为盗；弗智（知），为守臧（赃）。

丈夫盗窃三百钱，告之其妻，妻和他
一起用这些钱饮食，妻应如何论处？没
有预谋，应作为收藏；如系预谋，与其夫
同罪。丈夫盗窃二百钱，在其妻处藏匿了
一百一十，妻如知道丈夫盗窃，应按盗钱
一百一十论处；不知道，作为守赃。

削（宵）盗，臧（赃）直（值）百一十，
其妻、子智（知），与食肉，当同罪。

夜间行盗，赃值一百一十钱，其妻、
子知情，与他一起用钱买肉吃，其妻、子

应同样论罪。

削（宵）盗，臧（赃）直（值）百五十，告甲，甲与其妻、子智（知），共食肉，甲妻、子与甲同罪。

夜间行盗，赃值一百五十钱，盗犯将此事告甲，甲和甲的妻、子知情后，与盗犯一起用赃钱买肉吃，甲的妻、子和甲都应同样论罪。

从以上四条可以看出，如果妻子知道其夫或邻人、朋友有偷窃行为，并参与了隐藏、分赃，则秦法律按相应条文处罚妻；若妻对身边的偷盗行为不知情，则法律会以宽松的态度对待妻。同时这也表

明，女性对家庭、对社会是负有责任的。她们要在涉及犯罪案件中知情必报，否则就会受到法律明文规定的处罚。如果妻子事先自首，揭发其夫应受到惩罚依旧，不得减轻或免除。如：

啬夫不以官为事，以奸为事，论可（何）殹（也）？当（迁）。（迁）者妻当包不当？不当。

啬夫不以官职为事，而专干坏事，应如何论处？应流放。被流放者的妻应否随往流放地点？不应随往。

当（迁），其妻先自告，当包。

应当流放的人，其妻事先自首，仍应随往流放地点。

而另一条法律条文这样谈到：

廷行事有罪当（迁），已断已令，未行而死若亡，其所包当诣（迁）所。

成例，有罪应加流放，已经判决，尚未执行而死去或逃亡，当去的家属仍应前往流放地点。

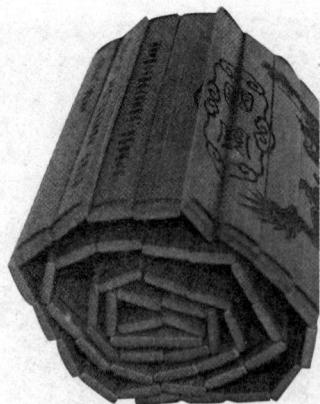

这可能指的就是，妻帮夫隐瞒了罪犯行为，应该同夫一样受到惩处；但是有罪的丈夫在法律判决尚未执行前不幸死去或逃亡了，则妻子仍不能免除同罪的命运，仍然要接受处罚。

离婚制度

在《日书》中能多处见到关于离婚遗弃的简文如下：

"星"章：

翼，利行。不可臧（藏）。以祠，必有火起。（取）娶妻，必弃。

"取妻"章：

戊申、己酉，牵牛以取（娶）织女，不果，三弃。

"吏"章：

癸丑、戊午、己未，禹以取（娶）梌山之女日也，不弃，必以子死。

戊申、己酉，牵牛以取（娶）织女而不

果，不出三岁，弃若亡。

庚辰、辛巳，敝毛之士以取（娶）妻，不死，弃。

戌舆（与）亥是胃（谓）分离日，不可取（娶）妻。取（娶）妻，不终，死若弃。

仲春轸、角、中夏参、东井、中秋奎、东辟（壁），中冬竹（箕）、斗，以取（娶）妻，弃。

凡参、翼、轸以出女，丁巳以嫁女，皆弃之。

秦时民间百姓都忌讳婚姻破裂、夫妻分离，认为夫妻白头偕老是幸福、美满的姻缘。如果中途离异，便觉得丢人，是很羞耻的事情。这一点尤其在于女子，更是悲伤而凄惨。旧时，离婚完全取决于男子的意志。离婚叫做"休妻"，就正好说明这一点。虽然，有些情况下也并非男子本人的意愿，但离婚都是通过男子一方来强令执行的。女子是丝毫没有反抗的权力和辩争的余地的。

睡简里对夫妻婚姻不能和谐美满的解决途径也能从相关案例中体现出来，主要是一下这三种情况：

其一，休妻登记。

婚姻的终结也如婚姻的成立那样，必须向官方报告，才具有法律效力，否则就是触犯法律。《法律答问》说：

"弃妻不书，赀二甲。"其弃妻亦当论不当？赀二甲。

意思是："休妻而不登记，罚二甲。"所休得妻应否也加论处？应罚二甲。如果丈夫在休妻时不去官方登记，那么不仅丈夫要受到处罚，被休的妻子也要受到同样的惩罚。正如之前所说，在休妻登记这件事情上，妻子是负有监督责任的。

其二，再娶与再嫁。

既然休妻是相当容易的事情，那么

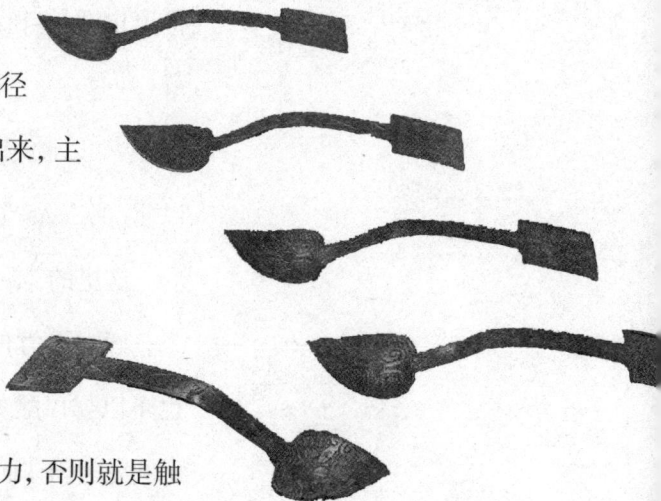

再娶也即是自然的情形了。《日书》"星"章：

毕，以邋（猎）置罔（网）及为门，吉。以死，必二人。取（娶）妻，必二妻。

这里的"必二妻"就是指再娶。

妇女再嫁的现象也颇为常见，男子也不以娶以醮妇为耻。睡简中女子私逃并再婚生子，而再婚的丈夫竟没有觉察出来，知道后也没有将她休弃。可见，当时社会已婚妇女私自出逃并不罕见，人们对私逃也不陌生，所以丈夫对此事是不在意的。对于官方，仅禁止"有子而嫁"的现象，而对于无子而嫁的做法采取了默许的态度。秦统治者之所以采取这样的政策，其目的在于通过法律的手段来加强个体家庭的稳定，保护个体经济的存在，从而保障封建国家的赋税来源。商鞅变法使得秦的个体经济模式取得了支配地位，个体家庭成为国家赋税、徭役的主要承担者。封建统治者为了保证国家的

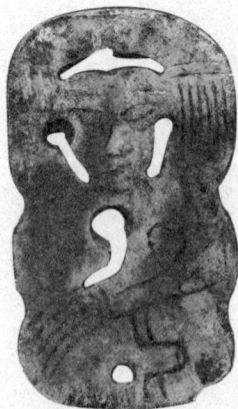

长治久安，保障税收的来源，就必须确保个体家庭的稳固和个体经济的发展。正是基于这层考虑，统治者不得不对女子再嫁的现象作出某种程度的限制，禁止"有子再嫁"的做法。

然而，个体经济的生产模式，具有无法克服的脆弱性。因为在这样的生产方式下，受其生产力发展水平的限制，决定了夫妻双方必须相互依靠、分工协作，才能维持家庭的存在。一旦夫妇失去任何一方，家庭将无法继续存在下去。所以从社会现实出发，封建国家不得不对无子再嫁的做法采取宽容政策。同时也表明，这种个体经济的脆弱性正是当时社会上普遍存在的再嫁现象的经济因素。

其三，妻子主动离开。

法律没有规定女子可以通过合法途径主动弃夫，但就睡简反映的情况而言，

当时妇女有离夫私逃被捕或私逃并再婚
生子的事件发生。妻子忍受不了丈夫或
家庭的负担，是没有权利主动要求离婚
登记的。在这种社会压力，有的女性不得
不通过私自逃亡异地再嫁的方式来重获
幸福。睡简里不乏这样的案例，如《吏》
章：

戊申、己酉，牵牛以取（娶）织女而不
果，不出三岁，弃若亡。

又如《法律答问》：

女子甲为人妻，去亡，得及自出，小未
盈六尺，当论不当？已官，当论；未官，不
当论。

女子甲为人妻，私逃，被捕获以及自

首，年小，身高不满六尺，应否论处？这个
法律案件里，如果女子婚姻曾经官府认
可，应论处；未经认可，不应论处。这个法
律案件里，如果女子结婚未登记，那么私
逃后是不追究法律责任的。这似乎是对
女子的一种保护，而实际上是指结婚未
登记的男子不能享受到的法律的保障。

再有《法律答问》：

女子甲去夫亡，男子乙亦阑亡，甲弗
告请（情），居二岁，生子，乃告请（情），
乙即弗弃，而得；论可（何）殹（也）？当黥城
旦舂。甲取（娶）人亡妻以为妻，不智（知）
亡，有子焉，今得，问安置其子？当畀。或

入公,入公异是。

这件案例讲的是,女子甲离夫私逃,男子乙也无通行凭证而逃亡,二人结为夫妻。甲没有把私逃的实情告诉乙,过了两年,生了孩子,才告知实情。乙便没有休弃甲,然后被捕获,应如何论处?应黥为城旦、舂。甲娶他人私逃的妻为妻,不知道私逃的事,已有了孩子,被捕获,问其子应如何处置?应给还。有的认为应没收归官,没收归官与律意不合。

以上两件案例都是说到女子婚后私逃并再婚生子,然后被捕受罚。女子一定要通过非法私逃才能再次寻找幸福,选择逃亡的生活吗?是否女子也可以通过合法的途径来主动弃夫呢?这在睡简中是难以见到的,而有关文献却有女子要离婚必须征求丈夫同意的事实。《史记·张耳陈余列传》中提到秦代外黄富人女与原夫"请诀"而再嫁张耳。其中,"请诀"就是女子要求与原夫与其解除夫妻关系。女子如果想离婚，必须向丈夫提出要求，并需要得到丈夫的同意才行。而如果丈夫不同意离婚请求，恐怕就只好采取私逃的方式了。可见，在离婚的问题上，男子拥有最终的决定权，而女子始终居于服从的地位。

（四）秦国的婚姻居室及其结构

春秋时期，各国开始了土地向私有的过渡。到了战国初年，东方各国农村的基本单位，已是李悝、孟子所说的"治田百亩"的"五口之家"或"八口之家"。《七国考》引桓谭《新论》载李悝《法经》条例：夫有一妻二妾，其刑，夫有二妻则诛，妻有外夫则宫，曰淫禁。这表明先秦时期已出现小家庭家族制度。

秦国较为落后，实行的还是大家庭制。《史记·商君列传》说："始秦戎翟之教，父子无别，同室而居。"但到商鞅变法时，他懂得"公地则迟，有所匿其力也；分地则速，无所匿其力也"（集体耕地，干活就慢，是大家谁都不肯出力的缘故；把田分开来种，干活就快，是由于没有依赖，都能卖力气的缘故）的道理。所以他实行"制土分民"，每个农民分得五百小亩土地。这时由于生产力已较商周大有提高，铁质工具和牛耕、水利灌溉已出现，个体小家庭也有力量独立耕种这些农田了。另一方面，又"令民夫子兄弟同室内息者为禁""民有二男以上不分异者倍其赋"，表明当时的秦国在利用行政手段，强制成熟的个体小家庭从父子兄弟等三代家庭中分离出来。

小家族家庭制度，指的是：儿子成年就与父母分开家产，另外居住，独立生产和生活，另立户籍的家庭制度。以四口之家为典型，父子别居，兄弟分囊，大家习以为常，不足为怪。汉朝的开国皇帝刘邦，他们家实行的就是这种小家庭制。《史记·高祖本纪》记载刘邦的一段话，颇能说明问题。刘邦说他父亲："始大人常以臣无赖，不能治产业，不如仲力。今某之业所就，孰与仲多？"兄弟比产业，说明他们早已分居；兄弟在父亲面前比产业，说明这个父亲也早已和这一对兄弟分囊别居了。

然而，从睡虎地秦简材料中，我们发现扩大家庭生活形态依然存在。睡虎地秦简中，有一些反映当时家庭结构的珍贵资料。其中，十一号秦墓出土的《云梦秦简·封诊式》"封守"条记载了一个住宅为一宇（堂）二内（室）、家人只有二代四口的小家庭。而四号秦墓出土的六号和十一号木牍上的家书则记载了一个大家庭：

惊敢大心问衷，母得无恙也……

钱衣，母幸遣钱五六百……惊多问新负（妇）勉力视瞻两老。

十一号木牍正面原文曰：

黑夫、惊敢再拜问中（衷），母得无恙也？黑夫、惊无恙也……遗黑夫钱，毋操夏衣来……

惊、黑夫两兄弟被同时征发兵役，同编在一军，两人都曾写信向母及兄长衷要钱要衣，惊在信中还提到了自己的妻女，并要求兄长照料好自己的女儿。证明兄弟三人与母亲组成了一个三代同居的扩大家庭。这说明秦时的家庭类型中，扩大家庭还是存在的。

那么，扩大家庭和核心家庭，哪一种

类型占据主导型式呢？云梦竹简中还有一些可以反映家庭结构的材料。兹列如下：

第一组：

夫盗千钱，妻所匿三百，可（何）以论妻？

削（宵）盗，臧（脏）直（值）百一十，其妻、子智（知），与食肉，当同罪。

削（宵）盗，臧（脏）直（值）百五十，告甲，甲与其妻、子智（知），共食肉，甲妻、子与甲同罪。

夫、妻、子五人共盗，皆当刑城旦。

夫、妻、子十人共盗，当刑城旦。

某里典甲曰："里人士五（伍）丙经死

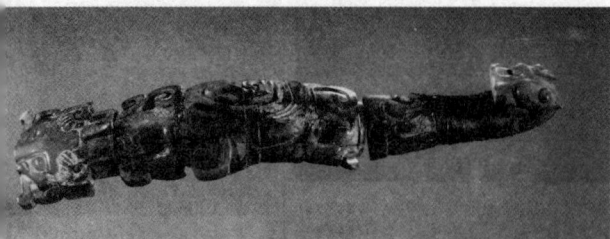

其室……"即令史某往诊……与牢隶臣某即甲、丙妻、女诊丙。

某里十五（伍）甲告曰："谒亲子同里士五（伍）丙足，（迁）蜀边县。"

某里十五（伍）告曰："甲亲子同里士五（伍）丙不孝，谒杀，敢告。"

以上九件案例中，提及的当事人家属或只有妻、子（女），或是父子同里不同家，可以作为秦代多核心家庭或父子异居的佐证。

第二组：

一室二人以上居赀赎责（债）而莫见其室者，出其一人，令相为兼居之。

戍律曰：同居毋并行。

人奴妾盗其主之父母，为盗主，且不为？同居者为盗主，不同居不为盗主。

父子同居，杀伤父臣妾、畜产及盗之，父已死，或告，勿听。

"室人"乃指同一"室"内共居共食之所有人。作为社会概念上的用语，它不仅包括居住在"室"内的同一血缘者，而且还包括臣妾之类非血缘隶属者。其次，可以把秦国这种社会观念上之"室人"看成与现代家族社会学上"家口"相当，可知秦法中与"室人"相混的"同居"乃"独户母之谓也"。即"同居"者指的是居住于同一室内"家口"中，将臣妾等非血缘隶属者排除在外的纯粹同一血统成员。

以上四条中：第一条允许一家中有两丁同时以劳役抵债而无人照料家室的可以轮流服役；第二条则要求官吏不能

把共同居住的丁男同时征发边戍，证明秦国存在成丁在两个以上的扩大家庭；后两条中，子已有奴妾或具备杀伤臣妾、畜产的能力，都已成年，但仍和父亲共同居住。可作为秦代扩大家庭和父子同居的证明材料。

单就数量而言，秦简中反映核心家庭或成年儿子与父母异居的材料要远远多于反映扩大家庭或成年儿子与父母同居的材料。

《日书》反映的"室"是按以父母为中心，子女兄弟夫妇及孙子第三代同居的三世同堂家族类型居住之结构设计的。因此《日书》作为战国时期秦民间生活指针，反映了当时人立足于生活而形成的共同的思维结构，在此基础上得出的"室"

之家族结构——三世同堂家族类型，就是当时民间最为普遍的家族形态，也是当时人们所认同和向往的家族类型。承认三世同堂为家族类型典型，并不意味着否认诸如小型家族论者所强调的以夫妇为中心的单婚小型家族的现实存在。通过分析《日书》和木牍，一方面可以确认三世同堂家族类型是战国末期秦国的典型家族类型，另一方面也应承认当已产生了与之在规模结构上都有关系的单婚小型家族。

据此，可以得出这样的结论：战国时期，秦在统治地区实行了小家族家庭制度，以前的扩大家庭形态也依然存在，但是小家庭形态已成为主流形态及发展趋向。

秦自商鞅变法，实行二男以上父子分居异财别籍的小家庭制度以后，家庭规模每户约四口左右。以睡简《封轸式》中的"士伍"（无爵的成年男女）甲的家庭

为例：

甲家室，妻、子、臣、妾。

子大女子某，未有夫。小男子某。

臣某，妾小女某。

即其家有一妻、一子、一女、一奴、一婢共六口。但是，奴婢同财物，不属家庭正式成员，所以家庭成员为夫、妻、子、女四人。《封轸式》是供官吏学习的法律文书程式，大体可以认为，这个家庭人口数目是比较典型的。对照史实，秦末刘邦一家也只有四口，除刘邦外，还有一妻

（后来的吕后）、一子（后来的惠帝）、一女（后来的鲁元公主）。汉承秦制，据《汉书地理志》载，西汉时的家庭，平均也只四口多人。

商鞅变法，实行小家庭家族制度，符合家庭与社会发展的进步趋势。这一变法促进了秦国社会经济的发展。"秦行商君法而富强"，这是后来秦得以消灭六国统一中华的一个重要原因。

不过，秦实行小家庭制度的"家庭革命"，也带来了一些消极后果：一是造成了"家富子壮则出分，家贫子壮则出赘"的

局面。有钱人家在分家时可以把家产分给他儿子一部分，使其独立生活；没有家产的贫穷家庭，往往也没有多余的房子使父子分居，就只好把成年的儿子出抵给别人做上门女婿，这实在是人们不情愿事情。二是父子分家各自成为独立的经济单位后，传统的家庭伦理受到了破坏，以致于出现：

借父优除，虑有德色；母取箕帚，立而岁语，抱哺其子，与父并倨。妇姑不悦则反唇相讥。

意思是：儿子把自己的锄头、耙子借给父亲使用就露出施恩的神气，母亲使用儿媳的簸箕、帚把，要受到（儿媳）不客气的询问，儿媳妇奶着孩子不礼貌地和公公并排坐着，婆媳之间一不高兴就互相对吵。

这样，传统的家族关系难以维持了。如何建立起新的家庭、家族伦理规范，是一个迫切需要解决的课题。

许倬云先生在《汉代家庭的大小》一文指出："主干家庭既只容一个已婚儿子与父母同居，其余已婚及成年的儿子大约都分出去了。"这是十分正确的。徐氏又指出："……秦及西汉都是行小家庭制。秦人'异子之科'似乎终汉之世存在，直至曹魏始废除此律，所谓'除异子之科，

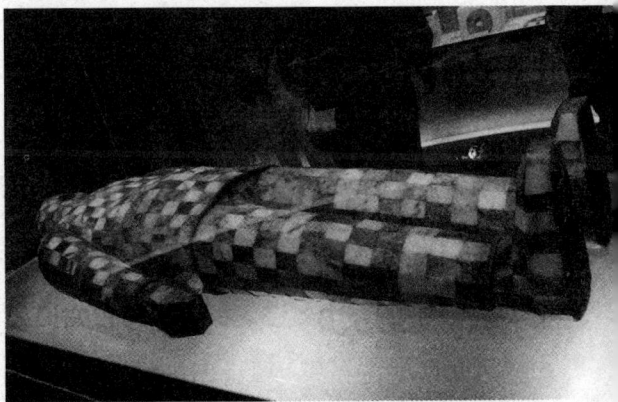

使父子无异财也'。"

居室结构与禁忌

秦代居宅建筑结构的基本形态乃以墙壁为外廊，内部有"一宇二内"，即一间堂屋（客厅）和二间房（卧房）之结构为典型，这种形态延及至汉代。

睡简甲种15—23号简背有一段专讲住宅吉凶的文书，学者或称之为《相宅篇》。根据简文可知，当时房屋的主体建筑为"宇"，在"宇"的外围有"池""水渎"等排污设施；窗下有"井"，可供汲

水之用；四周有养猪的"圂"及其他牲畜
的"圈"，有蓄积粮食的"囷"，和位于房
屋前后的厕所（"屏"）。此外，还有妇女
的居所"小内"，男主人的居所"大内"。
在"内"与"宫"之间，可能还有专供祭祀
的"祠室"。"宫""内"均有"门"，由若
干房屋组成的"里"也有"里门"，房屋之
外有墙垣环绕，形成一个相对独立的封
闭空间。简文称："道周环宇，不吉。祠木
临宇，不吉。"虽然在吉凶判断上都是"不
吉"，但在实际居住环境下，房屋的四周
也应有街道和祭祀社木的存在。

　　家庭房屋的建筑结构也是有一定禁

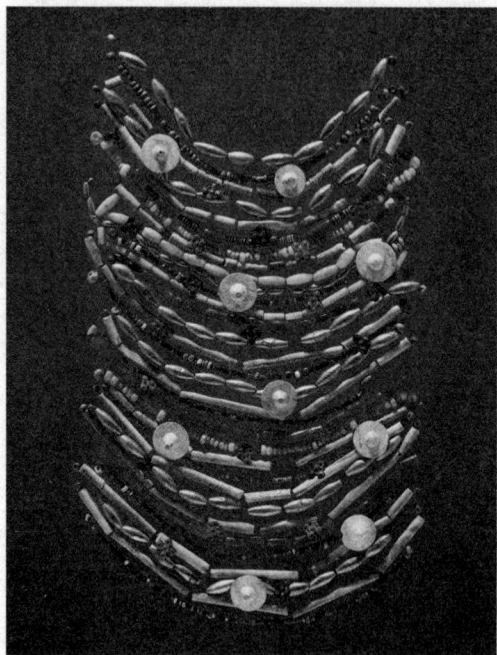

忌讲究的。如"啻"章：

凡为室日，不可以筑室。筑大内，大人死。筑右原字土加阽，长子妇死。筑左原字土加阽；中子妇死。筑外垣，孙子死。筑北垣，牛羊死。……四废日，不可以为室，覆屋。

甲子死，室氏，男子死，不出卒岁，必有大女子死。

同一座房屋，门的开向，也必须一

致。忌讳一房多门，又朝前开又朝后开，俗谓："鬼推磨"，大不吉利。房门门扇大小要一样，忌一大一小。俗谓"左大换妻，右大孤寡"，亦是根据"男左女右"的本命原则，推断妨克的。左大即男大，男大而强，所以克妻，妻死则需更换；右大即女大，女大命强，其夫必被克。女人当家做主似乎不是一件光彩的事。这在建造房屋时也有结构上的讲究。如：

"梦"章：

宇东方高，西方下，女子为正。

宇左长，女子为正。

宇多于东南，富，女子为正。

四、睡虎地秦简的意义

睡虎地秦墓竹简的出土被历史学家、文物专家誉为"具有划时代的意义"。它与黄陂商代盘龙城、江陵西汉古尸、随曾侯乙编钟一起，被列为湖北考古的四大发现，也被列为建国50周年全国十大考古发现之一。

学术界对睡虎地秦简的研究已经取得了多方面的成果，涉及考古学、文献学、史学（主要是秦汉史）、法学、经济史

学、民俗学、戏剧、书法，等等。研究学者分布于我国大陆、港、台、日本、新加坡和美国。这可以明显地看到云梦秦简的出土，对于弘扬祖国优秀文化传统、繁荣学术研究已经做出了极其宝贵的贡献。

这些竹简是我国首次发现的大量秦代竹简，一半以上是关于秦代的法律，是我国迄今发现的最早最完整的法典。云梦秦简的出土，具有重大意义。历史学家对于秦朝的法律制度了解很少，因为秦朝统一以后所制定的很多法律都已散佚，而现存的古典文献中记载的只是不成体系的一些片段，无法了解全貌。云梦秦简的发现正好填补了这一空白。这批竹简是研究秦文化难得的实物资料，极大地弥补了秦史料的不足，有助于秦文化的深入研究。秦简的发现对于研究秦代的政治、经济、军事和文化等各个方面，都具有重要的学术价值。其数量之多、内容之丰富，都是空前的。

云梦秦简还具有极高的艺术价值。秦简文字书法承篆启隶，是我国最早的隶书。从简中可以看出其脱胎于秦篆，形体中仍保存有大量的母体痕迹，篆隶混杂。秦隶在破坏、肢解秦篆的书写方式中，尽管仍留有大量的篆书圆笔中锋的笔法，但比《青川木牍》隶化的特征更为明显。汉代隶书中的掠笔、波挑、不同形

态点的笔法等在简中都已出现，部分简上还有明显的连笔意识。与石刻文字相比，此简更直接体现了毛笔运动的丰富性。从《青川木牍》《天水放马滩秦简》到《云梦睡虎地秦简》之间我们可以清晰看到秦篆至古隶的演变过程。

秦简对书籍的书写顺序和装订格式也有极大影响。没有简牍，恐怕不能有后来的竖式书写。编绳的连接作用，直接启发了后来的线装书。天地头的留空、页数字数的标明，标题、署名都为后来的版式提供了源头。由此可见，简牍的形制对后世图书出版业的影响是很大的。